かたわらに、今、たたずんで

——チャプレンが出会った人々の言葉

大野高志

オリエンス宗教研究所

はじめに

東京・横浜方面から下りのＪＲ横須賀線に乗ると、景勝地の鎌倉・逗子を通り過ぎて終着駅が久里浜。その一つ手前ののどかな単線区間にあるのが「衣笠」という駅です。大河ドラマで一躍注目された三浦一族が居城を築いた町としても知られます。駅から徒歩五分。町おこしのために作られた三浦氏の幟旗があちらこちらで揺れる商店街を通り、線路のガード下トンネルを抜けると、そこに教会と病院が見えてきます。衣笠病院。この本の舞台です。

初めてこの病院に来た時のことを思い出します。その頃の私は、海外宣教の夢に破れて帰国し、生後三カ月の乳飲み子を抱えて無職。横須賀駅の辺りで港に見えた幾隻もの鼠色の船たちに異世界を感じつつ、ここへとたどり着いたのでした。医療や福祉のことなど、何も知らない素人。何とか職を得られた安堵と、申し訳なさと、これからの行く道へのもがきが体中を支配していたように思います。

それから、一五年以上の月日が経ちました。今ではこの勤めの場に、私へのいろんな呼び方による呼び掛けがあります。「大野さん」、「大野くん」、「牧師！」、「先生！」、「大野先生」、「チャプレン」、「牧師さま」、「たかしくん」……。患者さんも迷うのでしょうね、「何とお呼びしたらいいですか？」と訊かれることもあります。「牧師さん？　先生？」と。そんな時、私はついつい「何でもいいんです」と誤魔化してしまいます。それは照れや面倒くささがある半面、どう呼ばれようと、神がこの場所で、この方との出会いを私に与えてくださっているのだという思いがあるからかもしれません。どんな肩書きや呼び方があるにせよ、「私はただの私」でいてよいとの思いを、私は多くの方との出会いの中で与えられてきたのでしょう。

診察やお見舞いなどのために病院や関係施設を訪れる方々も、きっと同じように感じるのではないかと思います。たくさんの心配を抱えて、この場所へとやって来られます。「これからどうなるんだろう……」。自分のことを少しでも理解してもらおうと、自分に与えられている病名や病歴や症状、困りごとをいっぱいに書き溜めて持って来られます。でも、十分に自分のことが伝わっていないような不安に駆られてしまう……。そんな時、いろんな人がいろんな形で声を掛け、人間同士の出会いを重ねていくことができるなら、たくさん溜め込んできた「患者さん」、「肺がんの人」、「認知症の人」、「生活困窮者」というような〝肩書き〟も、少しずつ横に置き、あるいは全部をひっくるめて「私は私」と言えるようになるのではないでしょうか。案外、病院や施設というところに私のような専属の宗教者〝チャプレン〟がいることの意味は、その辺りにあるような気もするのです。患者さんも利用者さんも家族も遺族も職員も、みんなが「あなたも私も神に愛されたただの人」と思い合える平和を願うのです。

「いつまでも私らしく」……そう言うのは簡単です。でも病気をしたり、年齢を重ねたりすれば、それがどれほど難しいことかも味わいます。だからこそ、どうなっても「私は私だ。ひとりの人間だ」と思えるような出会いを私たちは必要とするのでしょう。そのような出会いの現場でこそ、「あなたがどこに行ってもあなたの神、主は共にいる」（ヨシュア記1・9）と語られた神の言葉は、大きな希望となっているようにも感じています。

月刊誌『福音宣教』に連載していたエッセイを今般《こんぱん》書籍化するに当たって、登場される方のお名前をイニシャルで記したままでよいだろうかと悩みました。もちろんお名前をそのまま書くわけにはいきませんが、それはどうも私には無機質な印象を抱かせるものであったからです。仮名にしてみようと試みました。しかし、やめました。やはり私が勝手なお名前を付けるのも気が引けるように感じたからです。文中のイニシャルは、必ずしもご本人の本名を反映したものではありませんが、ぜひ読者の皆様に、お一人おひとり、ここに紹介する方々との「人として」の出会いをしていただければと思います。そして本当は、どの方にも素敵な「お名前」があることを忘れないでいただきたいと思うのです。

それでは、あの日の心許《こころもと》なさから私を導き、「生きること」について教えてくれたたくさんの出会いの一片を、これからご紹介したいと思います。皆さんにとっても、よい出会いとなりますように。

目次

かたわらに、今、たたずんで

――チャプレンが出会った人々の言葉

1　語りやむときに届く言葉

クリスマスを迎えて

キリストの御降誕を祝う季節を迎えると、私の勤める病院でも、院内の各所に華やかな飾りが添えられていきます。敷地の入り口には穏やかな電飾。近年はＬＥＤの落ち着いた青色が、病院尖塔に光る十字架の橙色とコントラストをなして揺れています。外来や病棟の各受付に掛けられるリースは、一つひとつボランティアさんたちの手作り。毎年七〇個も作ってそれぞれの部署に贈ってくださるのです。毎朝の礼拝の時には、クランツに灯《ひ》が点《とも》ります。その土台となっているのは、かつて施設拡張のために伐《き》り倒してしまった桜の幹。病院の歴史が刻まれています。クリスマスは病院も美しく彩られる季節。私たちは、御降誕を祝う風景の中で古い年を終え、新しい一年を迎えていくのです。

私は、クリスマスが年末にやって来るというのは、何だかとても意味のあることであるように思います。その光景に目を留めるとき、「ああ、この一年も生きてきた。生かされてきた」との思いに満たされるからです。前の年と同じ景色の上に、私たちは年ごとの異なった感慨を重ねます。豊かな出会いに支えられた方があるでしょう。つらい別れを経験し、胸が引き裂かれている方もあることでしょう。与えられたものと失ったもの。喜びと悲しみ。つながりと孤独。その一つひとつに光が当てられ、この年の終わりをどっこい生きている不思議さを思うように招かれるのです。私たちは、クリスマス、それぞれの景色の内にたたずみます。

「かたわらに、今、たたずんで」

この本のタイトルを「かたわらに、今、たたずんで」としました。病院チャプレンですから、患者さんの病室を訪ねます。併設されている特養（特別養護老人ホーム）や老健（介護老人保健施設）の居室も訪ねます。ご家族やスタッフと会い、亡くなった方の遺族と顔を合わせます。しかし「そこでいったい何をするのか」と言えば、実際は「何もしない」ことの方が多いのです。いや、「何かはしているし、何かにはなっているはずだ」と主張したい気持ちもあるのですが、他の医療や介護のスタッフのように、「こんなふうに対処しています」と言いにくい何かであるのは確かです。それは一言で言えば、「たたずむ」としか言いようのないことであるかもしれません。

「たたずむ」というのは、「立チ息ム《ヤス》」の要約からできた言葉ではないかと言います。「『やすむ』のですか。やっぱり何もしていないのではないですか」という声が聞こえてきそうです。でもその「やすむ」ことが、神の安息につながっていると思いたいのです。神も天地創造を終えたときには休まれました。そしてそれは、「すべての被造物が良い」と祝福の言葉を告げるためであったわけです。私たちは言葉に詰まり沈黙の中で耳を澄ますとき、そこで初めて、神の安息を目の前の方と分かつことができるようになるのではないかとも思います。

「会えてうれしいよ」

ホスピスに、「もう死ぬ、こんなんではもう死んでしまう」と一日中叫んでおられる男性がいました。七八歳。独身独居。膀胱がん。併せて認知症を患っておられるので、ご自分の体がどうして動かないのか、お分かりになりません。苦しくて、一日中「あぁつらい、どうしたんだ、なぜなんだ、おっかしいなぁ」と叫び続けておられる方でした。

亡くなる数日前に、お訪ねしたときの会話です。

「こんにちは、Nさん、今何考えてた?」

「死ぬこと。もう死ぬんだよなぁ」

「死んだらどうなると思う?」と聞いてみましたが、答えはありません。「あぁつらい」という声だけが返ってきました。私はどうすることもできず、時間が流れるに任せ、ただ手を取って握りしめていました。

「ちょっとお祈りするね」と断り、私は何もできないことの弁解のように祈り始めました。

「天の神様、今日もNさんにお会いできてありがとうございます……」

ところがこの方は、それが神への祈りの言葉だとは分からなかったのでしょう。私の言葉を遮って「それはこっちが言う台詞《せりふ》だ。会えてうれしいよ」と言われたのです。私はびっくりして、祈るのをやめ、「ああ、僕も会えてうれしいです」と言いました。そして「そうだねぇ、みんな病気になるんだものね。Nさんは僕の先輩だ。僕もいつか病気になる」と付け加えたのです。

「そりゃわかんねぇ、あんたが苦しむか苦しまねぇか」とNさんのつっこみ。

「でも死ぬのは一緒だよ。Nさん、先にあっちに行ったら、僕も後で逝《い》くから、そうしたら、『やっと来たか』って声をかけてくれる?」

「ああ」

そんなやりとりの中、私は生きるいのちを感じたくなって、わざとこの方の胸の近くに顔を寄せました。思った通り、心音が聞こえました。

「大丈夫、Nさん、心臓動いているよ。今生きている。ああ、会えてうれしいねぇ。」

世を去らんとするこの方と同じいのちを生かされているのだと思うと、じーんとしました。良い時間を一緒にいさせていただいたと思います。だからいつか私にもその日が来たら、Nさんは本当に「やっと来たか」と私を迎えてくれる気がしています。

無力なときの「ことば」

「わたしは自分では何もできない」（ヨハネ5・30）

イエスがあるとき、そう呟《つぶや》いたことがありました。これは神の子の声としては異様に響くかもしれません。けれども、この彼の「できなさ」が、「永遠のいのち」の源なのだと言われています。

はっきり言っておく。わたしの言葉（ロゴス）を聞いて、わたしをお遣わしになった方を信じる者は、永遠の命を得、また、裁かれることなく、死から命へと移っている（同5・24）。

この聖書箇所の周辺では、「はっきり言っておく」という、ヨハネ福音書に馴染みの表現が何度も繰り返されています。そして、この「言う」と訳されている単語は、この福音書の冒頭で「言《ことば》」と訳されている「ロゴス」という語の動詞形なのです。それは世に受け入れられず、民に退けられることになるキリストそのもののことです。この世の価値観では無力に思われたキリストから、命の連帯が始まっていくというのです。

イエスは「私の弱さを受け入れて、神が弱さを愛してくださることを信じる者は、分け隔てされることなく、死を超えた希望を手にすることができる」と言ったのではなかったでしょうか。キリストが無力な「言」としてこの世にやって来られたのだとしたら、それはまさに、私たちが悲しみのために心の奥底に追いやってしまった「言葉」を取り戻すためだったでしょう。「あなたは叫んでよいのだ、嘆いてよいのだ、世を罵《ののし》ってもよいのだ。あなたの言葉には真実がある。私がそれを聴こう。私があなたに言葉を与えよう。そしてそのために私は無力な者になろう。それが、私が父から与えられた使命であるのだから」。そんな宣言を携えて、彼はこの世に来られたのだと思うのです。何もできない中でこそ連帯し分かち合える命の鼓動があるのかもしれません。

たたずみ、言葉を聞く

クリスマスの恵みは、新しい年の歩みを約束します。もちろん時に私たちには、足を止められ、言葉を失うようなことがあるでしょう。しかし、誰もが無力さを担いながら同じ命を生きているのです。その現実を見失わないならば、きっと希望の「言」はかたわらにあるはずです。だからそこに「たたずむ」ことにも、必ず何かの意味があるはずだと、私は信じたいような気がするのです。

2　死んでも生きるいのち

Tさんへ

Tさん、私はあなたのいのちが、あと数日なのではないかと思っていました。入院されてひと月、だいぶ痩せてしまわれたからです。あなたは横になっていることも辛いと、壁を背中にベッドの上に座り、じっと細く苦しい息をしておられましたね。本当にしんどいことであっただろうと思います。

真理とは何か

Tさん、あなたは音楽をやってこられた方でしたね。わりと激しいロックバンドをやっておられたとか。私はロックなんてほとんど知らないので、最初から会話負けしてしまう感じがしました。それで、「バンドやっておられたなら、もてたでしょ」と、ずいぶんスケベな茶々を入れてしまったのです。でも、そのことに対するあなたの言葉は鋭かった。「そう聞くのは、何も知らない人だよ。今、俺は、大野さん、あなたがバンドに興味ない人だってわかった」

もう音楽の話はしない、という先制パンチでしたね。その代わりに、あなたは法華経の話を始めました。今、自分は法華経にはまっているのだとおっしゃいました。お父様とお母様が創価学会員であったこと、ご自分は若い頃には興味がなかったこと、今も学会の政治姿勢はおかしいと思っているけれど、とにかく日蓮さんの本が安く買えるので、とりあえず学会につながっているとも話してくれました。それは、「さぁて、この若い牧師さんとやらがどんな反応をするものか」というところだったでしょうか。そしてあなたは、私に「真理って何だと思う?」という質問を投げかけてこられたのでした。

いきなり直球勝負ですよね。わかりました。あなたにはもう、話を茶々でごまかしている余裕はないのですね。もちろんそのとき、私の頭の中には、聖書の名場面、イエスが総督ピラトの面前で裁きを受けるとき、総督から「真理とは何か」と問われている箇所が思い浮かびましたよ。でも、だからといって何でしょう。その場面のやり取りを延々と解説したってあまり意味のあることには思えないし、とても一方通行な空しい話になってしまいそうです。

誰もが一生懸命に生きているから

するとあなたはおっしゃいましたね。「真理っていうのはみんな違うんだよ。例えば、このコーヒーをあなたはおいしいと思って飲む。俺はまずいと思う。でもそれはどっちも真理なんだよ。泥水から咲く蓮の華がたくさんの花弁をつけて開く。と同時に実をつける。それが分かっていれば十分なんだ。で、大野さん、だったね。キリストの、なんかいい話はないのか？」

「どんないい話をご所望ですか？」

「何だよ、それ」

まあ、そんなようなのが、最初の日の会話でしたね。そのときから、直球勝負で今の時を生きておられるあなたの存在が、私を捕らえてしまいました。

次の日、私は前の日のやり取りがちょっと悔しかったのと、少しはまともなことを言いたいような気がして、手元の本の一節を持っていきました。あれはたまたま目にとまった本棚の随筆からでしたが、結構Tさんの思いに近い、いい線いっている文章だったと思います。それを読んで差し上げたら、「よかったね」と言ってくださいましたね。その文章を見つけられたこと、それが〝私にとって〟「よかったね」と言ってくださったことに、一気に緊張がゆるみました。あなたは真理について、自分はいろんな人の真理を認められずに生きてきたこと、我《が》の強い自分であったこと、それがもとで、まだ五四歳なのに体を壊してしまったのだということ、そんな自己分析を示してくださいましたね。私は病棟カンファレンスであなたが何度か離婚されていること、そして何度も職を辞めておられることを聞きました。でも、そのことについてあなたが私に話されたことはありません。だからそれはどうだっていいことです。ただあなたが、自分は人を評価できずに生きてきた、「我の強い自分だった」とおっしゃったこと、そして私に「よかったね」と言ってくださったこと、それがあなたの今の時にそっと出会わせてもらえたことに思えてうれしくなったのです。

あなたは一冊本を貸してくださいました。『中村天風の行動学』。恥ずかしながら、私は中村天風という名前を初めて聞きました。あなたは本を差し出しながら、「必ず返せよ」と言われました。私はあなたの旅立ちが近いように思っていましたから、急いで読みました。一晩で読みました。今思うと、もう少し時間をかけて読んだ方がよかったようにも思います。ちょっと、あなたのメッセージを急いで扱いすぎた気がしています。

創価学会のお仲間に、私のことを紹介してくださいましたね。「変な神父」と言って。でも「仲良くなっちゃってさ、懐が深いから」と言い添えてくださったことは、これ以上ない褒め言葉でした。お客様は新潟から四時間かけて会いに来られた方でしたね。私は「私もTさんだったら、四時間かけて会いに行くかも」と言いました。そうしたら「うれしいこと言ってくれるじゃん、交通費出すよ」と、これもうれしい言葉。「じゃあ、今ください」と手を出したのは、私の照れ隠しです。

一緒に生と死を見つめて

あるときは、あなたから看護師を通じて私を呼んでくださいましたね。「さっきは来客中で悪かった」と。だからその後お邪魔したときは、ちゃんと聖書持って行ったのです。そして詩編23を読みました。「死の陰の谷を行くときも／わたしは災いを恐れない。／あなたがわたしと共にいてくださる」

「Tさん、これは何千年も読み続けられてきた聖書の箇所です」と言うと、あなたは大きくうなずかれました。

「Tさん、死って考える?」

「そりゃ、そうでしょ」

「病気してから、生や死に対する思いは変わった?」

「やっぱり生きていることを大切にするようになったね」

とそんな会話をしましたね。そんなやりとりがあったからでしょうか、私はそれから毎日夕方、帰りがけにはあなたに挨拶をしないと、一日が終わらないような気持ちになりました。

Tさん、あの日はありがとうございました。夕方遅く私が疲れ切った表情で、あなたの横に座り、「はぁ、人って、いろんな考えの人がいるものですね」とつぶやいたときのことです。あなたは深くは何も聞かず、ただその途切れる声で、振り絞るように、「大野さん、あなたは人の話を聞く仕事なのだから、そう、人の話を聞く仕事なのだから、真ん中にいようとしちゃだめだ。その人のそばに行ってあげなきゃ」と諭してくださったのでした。そして、そんな気弱な訪問もあなたは喜んでくださり、「ありがとう」と手を握ってくださったのでした。とても慰められました。

あなたの思い出に生かされて

Tさん、あなたは、そして数週間後に旅立っていかれましたね。あなたがおられなくなって、私は寂しく、支えを失ってしまったように感じたこともあります。でも、あなたが見えなくなってしまっても、あなたとの間には、もう変わらない思い出と信頼が存在しているような気もしているのです。私はあなたに会えてよかった。これは真理です。だから一言だけ、聖書の言葉を贈らせてください。

わたしは復活であり、命である。わたしを信じる者は、死んでも生きる。生きていてわたしを信じる者はだれも、決して死ぬことはない（ヨハネ11・25－26）。

あなたは私の中で生き続けます。だから、また会いましょう。あなたがおられた病棟で。そしていつかまた天で。

心からの感謝を込めて。Tさんへ。

3　傷に触れる

冬から春へ

四旬節の歩みは、私たちの国では冬から春への季節の移りに重なります。また、ご降誕が夜であったのに対し、ご復活は朝。闇に凍え、凝り固まっていた私たちの心が、早暁の陽光に温められ解き放たれていく、その道程と言っても良いかもしれません。

その変化は決して、私たちの努力によってなしえたことではありません。あの方が傷を通して私たちを招き、ゆるし、温もりに導いてくれたのです。季節を動かすほどの神の巨大ないつくしみが、御子の苦しみを通して、私たちを捕らえていきます。

「入会します」

年が明け、春が近づくと、二月に亡くなったある方のことを思い出します。その方は精神的な疾患もお持ちで、意思の疎通ということではなかなか難しい方でもありました。ホスピスに入院されてきた頃には、とてもおびえたような感じでいらっしゃり、私が訪ねて「病院の牧師です」とご挨拶申し上げた時にも、いっそう怖がられて「あっち行け」と手を振られたものです。帰宅願望がとても強く、ときに目を盗んで無断で外に出て行ってしまわれる方でした。

とにかくそんなご様子ですから、ホスピスにお入りになっても、十分な緩和治療を受けられないままで数週経ちました。そこでホスピスとしては、一度は精神科の病院に移っていただき、時が至って落ち着かれたら、またお迎えすることにしようと決めたのでした。

その頃のことです。その方が、私を呼んでおられるというのです。廊下でお会いし、談話室にお誘いして、テーブルに並びました。すると、その方はやおらメモ帳を取り出し、一枚破ってご自身の名前と、携帯電話の番号を書き付け、「これで〝入会〟でいいですか？」と言われました。私は、これはいったい何のことだろうとしばらく逡巡した挙げ句、ようやくなるほどと合点しました。この方は、「この病院にいたい」と伝えられたのです。この方は思ったのでしょう。「ここはキリスト教の病院だ。だからキリスト教に〝入会〟すれば、ずっとここに置いてもらえる」と。それで、「これでいいですか」とチャプレンに伝えてきたというわけでした。

私には、それは洗礼の希望以上に、この方にとって切実な望みであると感じられました。そこで、私は「お預かりします」と言ってそのメモをいただき、「すべてが最も良いようになされますように」とお祈りしました。そのメモは、この方が亡くなって年月の経った今も、大切にとってあります。

「この傷に触れて」

この患者さんは、結局ひと月ほど精神科の病院に入院をされた後、衣笠ホスピスに戻って来られました。その時には、だいぶがんの病状も進んでいました。今度は訪ねて行くと、疲れ切ったような表情とともに、ささやかな笑みを返してくださるようになっていました。

そして旅立ちの近づいたある日のことです。その頃は、転倒予防のためにベッドから下ろされ、敷き畳の上の布団に寝かされていました。部屋の入り口でのぞくと、看護助手さんがこの方の枕辺で讃美歌のCDをかけています。やはり前の年にがんで亡くなられたある歌い手さんのCDです。私も部屋に入って、畳の上に座り、しばらく一緒にそのCDを聞くことにしました。助手さんが部屋を出て行った後も、私は一時間くらいその部屋にいたでしょうか。CDから流れる讃美歌を私も口ずさんだりして時を過ごしました。

するとこの方がそっと手を私に差し出されました。さんざん苦労して生きてこられたその手でした。私はその手を取り、しばらくじっと握りました。すると今度は、なんとその方は、その握られたままの手を、ご自分の胸脇のところへすっと持って行かれたのでした。

この方は乳がんの患者さんです。だから、そこには傷があるのです。「この傷に触れてよ」と言うのです。それは、「この痛みわかってよ」ということであったし、この方が私を信頼してくださったということでもあり、また私と一緒にいたいと思ってくださったということでもあったでしょう。「生きるって、何と痛みに充ちたことであるか。だけれども、だからこそそれは、何と尊く、美しく、かけがえのないことであるか」との痛切な思いをこの方と分かち合ったような気持ちになりました。そしてそのとき、私は思ったのです。「ああ、これがトマスの体験か」と。

痛みにつながる

さて八日の後、弟子たちはまた家の中におり、トマスも一緒にいた。戸にはみな鍵がかけてあったのに、イエスが来て真ん中に立ち、「あなたがたに平和があるように」と言われた。それから、トマスに言われた。「あなたの指をここに当てて、わたしの手を見なさい。また、あなたの手を伸ばし、わたしのわき腹に入れなさい。信じない者ではなく、信じる者になりなさい」。トマスは答えて、「わたしの主、わたしの神よ」と言った（ヨハネ20・26－28）。

ヨハネ福音書は、この一週間前、復活者が他の弟子たちの前に現れたときには、トマスがそこにいなかったことを記しています（同24節）。彼は、肉の恐れと肉の疑いにとりつかれていたのでしょう。彼も他の弟子たちと同じように、キリストの受難の時にそこから逃げ出し、そのままであったのかもしれません。「自分は傷なんか負いたくない」と迫害者を恐れ、22－23節でキリストが言われているような「霊のゆるし」を信じられないでいたのだと思います。

トマスには「ディディモ」のあだ名がつけられています。それは「双子」の意味ですから、文字通りトマスが双子であった可能性を示すのかもしれません。でも同時に、「ダブル（二重）」が「ダウト（疑い）」に通じるように、ふたごころに揺れて、容易には他人と同調しない彼の性格を表すあだ名であったようにも思います。彼は、独り取り残され、ゆるされることの安心に心を追いつかせられない一週間を過ごしたのではなかったでしょうか。

復活者は、そんな彼をこそ求めて、彼の前にやって来られます。そして「この傷に触れてごらん」と言われるのでした。「あなたがたに平和があるように。あなたがたのうち誰も不安にとどまることがないように」と。

復活者は彼に「この傷に触れて欲しい。分かって欲しい。私はあなたに、今、一緒にいて欲しいのだ」と告げたのだと思います。そして「信じる者になれ――あなたの小さな世界に閉じこもってしまわないで、今、心を開き、この痛みにつながれる人の一人になってはくれないか」とトマスに語られたのでしょう。それは、「あなたも孤独であったから、この痛みがわかるはずだ。この痛みが、自分のいのちの内にも横たわっていることを理解できるあなたは、平安を、孤独な個人の努力の問題にしてしまわないだろう。お前の痛みは、私が知っている。一緒にいて欲しい」と、そんなメッセージであったのかもしれません。

神の平安を分かち合う

トマスは、自分の頭で考え、自分の目で見たものしか信じないとしていました。同じように、私たちも普段はこの目でイエスを見ることができません。彼は天に帰ってしまわれました。しかし傷を負う多くの人々と痛みを分かち、安らぎを分かち合うとき、あの傷を負ったキリストの霊が、今日も私たちを生かし招いてくださっていることを感じることができるのではないでしょうか。

傷を分かち合うことの平安というものがあるように思います。だからこそ、傷の向こうに復活のいのちを仰ぎ見つつ、四旬節の季節を歩みたいと願うのです。

4　分かち合う喜び

桜は散っていたけれど

私たちの病院の近くに、衣笠山という小さな山があります。日露戦争後、三浦半島に多かった戦死者を弔うため、この山の頂上には「芳名不朽」の文字を刻んだ記念塔が建てられて、数百株の桜樹と各種のツツジの植えられた公園に整備されました。今では、全国の「さくら名所100選」にも選ばれていて、季節には「さくらまつり」が行われます。そして毎年、私たちのホスピスからもお花見に出かけるのです。

リフト車（昇降機付きの福祉車両）をかき集め、山上までの道路通行許可書を取り、ボランティアを募っての一大行事です。そしてそれは、多くの患者さんにとって「最後のお花見」となることを、皆が了解しているお花見なのです。

その年は残念ながら、ソメイヨシノの開花が早まり、ほとんどの花が散ってしまった後のお花見でした。それでも、薄曇りの中の八重桜や菜の花は、その美しさを誇っていました。するとそこで、たまたま私たちとは別で来ていた親子三人の家族と出会いました。三歳ぐらいの男の子だったでしょうか。シャボン玉で遊んでいました。そこで私たちもそこに交ぜてもらったのです。みんなで童心に帰って、「シャボン玉」の歌を歌いました。花はなくとも、温もりに包まれて、それぞれの孤独を忘れたようなひとときでした。

なかでも一番はしゃいでいたのは、乳がん患者のKさんだったのではないでしょうか。三九歳。軽い知的障害がありました。気が強くて、信念があって、こうと決めたらその通りにする。「この子のためにどれだけ手を焼いてきたか」と、病室で最初に挨拶した時、お母様が私にそう紹介された方でもありました。

プレゼントをするために

お母様は、その患者さんの七五三の時の話をされたことがあります。「着物はお姉ちゃんのお下がりでいいと思ったのに、無理に着せたら嫌がって、頑として動かなかった」という話です。もう三〇年以上も前の話でしょう。それが口をついて出てきたのは、その七五三の話を、お母様が今までも何度も繰り返して語ってこられたからではないでしょうか。きっとお母様にとって、娘さんの気性をよく表す物語だったのだと思います。

その娘さんがある日、突然家に帰りたいと言い出しました。お母様からしたら退院など思いも寄らない、途方に暮れるような話でした。「また始まった！　もう、この病院に来るまでどれだけ大変だったと思っているの！　やっとここに入れたのに、帰るなんてどういうこと？」というようなことで、私の前でも動揺しておられたのでした。

二、三日してからでしたか、娘さんが、家に帰りたい理由を私にそっと話してくれました。それは、彼女が看護師たちに説明したのとは違う、別の理由でした。看護師には、「お母さんと一緒にいたいから」と言っていたのです。それは、たしかに大きな理由だったに違いありません。でもビーズ工作が大好きだった彼女は、私にはこう言ったのでした。

「あのね先生、私ね、この病院で先生や看護師さんたちにお世話になったから、みんなにプレゼントをしたいの。でも、ここでそれを作っていたらバレちゃうでしょ。家で作ってきて、今度またここに入院したときに渡したいの」

彼女は、スタッフに何かあげたいと考えたのです。分かち合いたいと思ったのでした。もらうばっかりじゃ嫌だ。自分が大好きな工作をスタッフに贈ることで、「私はここにいたんだよ、とっても感謝していたんだよ」という証しを、関わった人の記憶の内に残したいと考えたのかもしれません。

与える方が幸い

思うに、人はもらうだけでは生きていけないのではないでしょうか。ケアをする人たちは、ついつい「この人のために何ができるだろうか。どんな療養の環境やサポート、関わりを提供できるだろうか」と、「してあげること」ばかりに頭がいっぱいになります。それは尊いのですが、どことなく一方的で、ケアの受け手を「もらうだけの人」にしてしまう気がします。人は「自分にも与えることができる何かがある」と感じられたときに、はじめて自分の生きがいを感じるものでしょう。とするなら、対人ケアに関わる人は、同時に「もらうことのできる専門家」でもなければならないと思うのです。その人が「与えることができるように」、その人の思いや心遣いをきちんと引き受けることのできる専門家です。

わたしは、他人の金銀や衣服をむさぼったことはありません。ご存じのとおり、わたしはこの手で、わたし自身の生活のためにも、共にいた人々のためにも働いたのです。あなたがたもこのように働いて弱い者を助けるように、また、主イエス御自身が「受けるよりは与える方が幸いである」と言われた言葉を思い出すようにと、わたしはいつも身をもって示してきました（使徒言行録20・33－35）。

使徒パウロを通じて語られた「受けるよりは与える方が幸い」というイエスの言葉は、「無償の愛」などという表現と重ねられて、なんとなく「施しの美徳」を賞賛するモットーとしてだけ扱われている気がします。しかしパウロの思いをはかると、それは事の半面でしかありません。彼が同じ19節で「自分を全く取るに足りない者と思い、涙を流しながら、また、ユダヤ人の数々の陰謀によってこの身にふりかかってきた試練に遭いながらも、主にお仕えしてきました」と語っていたことに目を留めたいのです。それはパウロにとって、〝取るに足りない〟と思っていた自分が生かされ、出会いを与えられ、いくばくかでも、目の前の人々の思いに留まることができた」ことへの感謝からにじみ出た言葉であったわけです。

受けて与え、与えて受ける

パウロは再会したエフェソの人々を前に、自分がかつてどれほど惨めで何も持たない存在であったかということを話して、うなずいてもらっていたことでしょう。そして、「私が何か皆さんに与えられたとするなら、それはたくさんもらったからだよ。こんなに豊かな出会いを、神様は私に与えてくださった」と語ったのです。「与えることができること、それはどんなに受けたかの証しだ」というわけでしょう。

自分がどれほど多くの手によって守られ、たくさんいただいてきたのかを知る人は、だからたくさん与えることができるし、それを「幸い」と呼ぶのです。そして受けた人は、また次の人に与えていく。その交わりの深まりに、神が働かれるのだろうと思うのです。

恵みを分かつ――生きた証しを分かつ

残念ながら、Kさんのプレゼント大作戦は、病棟スタッフみんながすでに知っているところとなってしまいました。彼女は退院を待ちきれず、すでに病室で携帯ストラップを作り始めていたのです。それで「バレちゃった」のですが、できたストラップは、ちゃんとスタッフの手に渡りました。そしてお花見の数日後、彼女は退院をしていったのです。

家に帰られて、翌日に亡くなったそうです。人の命の限りは、本当に分かるものではありません。でも自宅を訪問したソーシャルワーカーが、お母様の様子を「娘を在宅で看取れ、すべてをやりきったことで悔いがないようだった。とても安堵されたご様子であった」と報告してくれたので、病棟スタッフも喜びました。ただ病気のことだけでなくて、この患者さんとお母様との三九年間の歩みをそのままで分かち合わせていただいた関わりだったと思うのです。「Kさんからは、たくさんもらったね」と、そう思うのです。

その後しばらく、私の院内用PHS（携帯通信機器）には、そのストラップが下げられていました。それを見つめるたびに、「与えられた者は、さらに分かち合うように」――そう、神に命じられているような気がしたものでした。

5　自分に死んで

病院の火災

今からおよそ六〇年前となる一九六〇年一月六日。衣笠病院は火災を起こしました。夜九時頃の出火。火はまたたく間に燃え広がり、木造の古い病舎を焼き尽くしていきました。実に一六名の方が命を失う大惨事となってしまいました。火元となったのは産科病棟の重油ストーブ。犠牲者の中には、生まれたばかりで名前さえつけられていないみどり子たちもいました。火中に二度飛び込み新生児を救出していた看護師一名は、三度目に帰らぬ人となり殉職しました。

当日は消防出初め式が終わった夜で、消防の初動が遅れたそうです。毎日乾燥が続いていたことに加え、不十分な防火設備、避難訓練の不徹底などが災いを大きくしました。そして職員住宅、ボイラー室、入り口の教会堂を除いて、敷地は全焼したのでした。

奇跡が起きた

病院見学に来た小学生たちに、この火事の話をしたことがあります。病院の隣にあって、火災の夜には、罹災者の避難所となった学校の子どもたちです。地域の歴史学習として病院に話を聞きに来たのでした。すると、教会堂が残ったのだという話を聞いて、ある男の子が叫びました。「すごい、奇跡だ！」と。「教会だけ残ったなんて、やっぱり不思議だ、奇跡だ」というのでしょう。

その言葉を聞いて、私は阪神淡路大震災の時、カトリック鷹取教会（現たかとり教会）で起きた「奇跡」のことを思い出しました。激しかった長田区の火災が教会の前にあったキリスト像のところで止められたという話です。マスコミがさかんに、これを「キリスト像の奇跡」として取り上げた中で、神田裕《ひろし》神父が「ちがうで。あの火事を消したんは人や」と言い、救援に集まった人たちの姿を見つつ、そのキリスト像にヘルメットや軍手をつけ、ロープを持たせ、足下にツルハシを置かれたことです。キリストは、ぼおっと立っているだけでなくて、その働く人々の中におられたと。

病院の「奇跡」も同じだったのではないかと思いました。その時も、遅れた消防隊に代わって消火活動に集まってくださった地域の人たちがあったのです。教会堂は遺体の安置所となり、また救援本部となりました。この教会を焼いてはいけない。その一念で防火・消火に当たってくださった方々がありました。

「あの夜、自転車で行ったよ。もう熱いなんてもんじゃないけど、必死で消したよ。みんなの病院だからね。みんなで育てた病院だ。頼りにしてるんだよ。忘れないでもらいたいね」

六〇年経って、私にそう証言してくださった老人ホームの入所者さんがいます。「みんなの病院」という思いは、犠牲者・殉職者への追悼と共に、当時たくさんの人々に共有されたのでしょう。火事を出した病院に対し、なんとご遺族や地域の方から「再建して欲しい」との声が起こり、たくさんの署名や寄付が寄せられたのです。中には子どもたちからの小さな献金もあったと言います。

そして衣笠病院は復興しました。一六名もの犠牲者を出した悲劇は地域の人々みんなの共通の経験として分かち合われて、「だからこそもう一度、いのちに向き合う働きをせよ」との声につながり、病院は再建されたのです。痛みと悲しみを通じて、改めて「みんなの病院」になったとするなら、その「復活」の奇跡の大きさを思わされます。

濁りに沈める

イスカリオテのユダという、一人の仲間のいのちを失った弟子たちは、イエスの死後ガリラヤに戻って、一一人で山に登りました。彼らははっきり知っていたでしょう。ユダだけが「裏切り者」であったわけではない。自分たちは皆、あの晩、キリストを否んだのだと。彼らは一様に肩を落としつつ、かつてイエスが語る言葉に耳を傾けたあの山に、その影を求めたのかも知れません。そしてそこで、彼らは復活のイエスと再会するのです。

わたしは天と地の一切の権能を授かっている。だから、あなたがたは行って、すべての民をわたしの弟子にしなさい。彼らに父と子と聖霊の名によって洗礼を授け、あなたがたに命じておいたことをすべて守るように教えなさい。わたしは世の終わりまで、いつもあなたがたと共にいる（マタイ28・18－20）。

キリスト教への入信儀礼を、私たちは「洗礼」と呼んで継承しています。教会がなぜ洗礼を行うのかというなら、それは、キリストがそのことをお命じになったからでしょう。キリストの持つ権能が、その「大宣教命令」によって教会に委託されているわけです。

しかし、「洗礼」という日本語を用いるとき、私たちはいつの間にか水で体を洗い清めるようなイメージを抱いていないでしょうか。ひとり禊《みそぎ》を経て、世に決別し、罪と無縁の清浄な体にされる感覚です。

二〇一五年に世界遺産となった「アル・マグタス」という旧跡があります。ヨハネ福音書の「ベタニア」に当たると推定され、イエスご自身が洗礼を受けられた場所だとされています。そこを流れるヨルダン川は、周囲の泥灰岩でできた丘陵地を浸食して流れ着いているために薄黄色く濁っているのだそうです。日本で人々が手水舎に求めるような清水ではありません。

イエスご自身は、そのような「濁り」の中に身を浸すことをこそ、「洗礼」の範型とされたのではなかったかと思うのです。「洗礼」のギリシア語での原語「バプティスマ」は、「(水に)浸すこと、沈めること」を意味する単語です。ですからそれは、ただ「洗う」というのとは違って、むしろこの世の泥、混乱、濁りを見つめながら、その中に身を浸し、共に労苦することへの招きでもあっただろうと思うのです。私たちは、そこでこの世の窒息しそうな痛み、悲しみ、苦しみを分かち、他者と連帯することを求められます。そしてまた、自分たちも悲しみや欠けを抱えた存在の一人なのだということを自覚しつつ、痛む隣人たちと一緒に生き直すことへと、洗礼のしるしは一人ひとりを派遣するのです。

悲しみの出来事を携えつつ

衣笠病院のチャペルには、「復興記念室」という別名がつけられています。月曜から土曜まで毎朝礼拝が守られているその部屋は、六〇年前の火災のメモリアルホールでもあります。

正面に十字架が掲げられていますが、その両脇には八本ずつ、床から天上につながる柱が刻まれています。亡くなった一六人の方々のことを、病院が決して忘れることがないようにするためです。この部屋に座る人は、だれもが、亡くなった方たちの真ん中にキリストがおられることに思いを馳せます。そして、あの夜、一人でも多くのいのちを助けようと必死になってくださった方々や、その後の復興に尽力してくださった地域の人々の真ん中に、やはりキリストがいてくださったことを噛みしめるのです。

衣笠病院の歴史には、自らの欠けが生み出した悲しみの出来事が刻み込まれていますが、そこからの復活を思うとき、そのかたわらに連帯すべきいのちが、再び与えられていることの恵みと使命を感じさせられます。

キリストは共に働かれる

私たちの人生には、だれでも、その弱さが生み出した悲しみが刻まれているのではないでしょうか。私たちは自分の歩いてきた道のりを通して、その濁りを知る者とされてきました。私たちはもう、己を誇るばかりの生き方を続けられません。しかしその私たちにキリストは告げられます。

わたしは世の終わりまで、いつもあなたがたと共にいる（マタイ28・20）。

それぞれの欠けや限界を、一緒に担い、働いてくださる方の姿がここにあります。ご復活のいのちに与った私たちが、だからこそ、その方を真ん中にして、共に隣人の苦しみのために労する者となるように。毎朝チャペルで十字架を仰ぎながら、その招きを感じています。

6　心を高く上げよ

目を高く上げる「人」

「人間」のことを、ギリシア語で「アンスローポス」と言います。この単語は生物学的な意味での「人」（アンドロス）に「目」（オフタルモス）という言葉がつながってできたのだそうです。元は「目を高く上げる人」という意味だったのでしょう。

なるほど、人は四足歩行の動物と比べて高いところに目が付いています。それは我々の先祖がサバンナにあって、いち早く天敵を発見するためだったのかも知れません。さほど怪力でなく、大柄の身躯を持ち合わせたのでもない彼らは、ずいぶん背伸びして周囲を警戒していたに違いありません。そして危険を見つけたときには、素早く仲間に知らせ、一目散に足を揃えて逃げたのでしょう。弱かった彼らこそが、結果的に二足で立ち上がることとなり、空いた両手で物を操り、文化を育むことになったと考えると興味深いことです。そしてその両手はやがて、高くを見上げたときに、祈る手ともなっていったのではないかと思うのです。

敬称が変わって

その患者さんは、九〇歳になろうとされていました。元々は中学校の理科の先生。旧制中学時代の同級生にノーベル賞受賞者がいることを自慢しておられました。そして「あいつはノーベル賞だが、私はノンビリ賞だ」と自嘲されるのです。

教壇に立っておられた頃は、各国の大使館を訪問することを趣味とされていたそうです。そしてその印象を生徒たちに話してあげるというのでした。

「大きな国の大使館は大抵だめだ。冷たい。あまり知られていない国がいいんだよ。行くと歓迎してくれて、大使自らお茶を出してくれたりする——と、まあ、そんな話を生徒にするんだな。みんなよく聞いてくれるよ。私の授業は半分以上そんな感じだ」

生徒たちには人気の先生だったのでしょう。でも、ちょっと尊大なのです(失礼)。入院されて一週間も経たないうちにおっしゃったのは、「醤油がまずい」ということでした。「醤油がまずいと食事がまずくなるから、いいのに変えてくれるように言っておいてくれ」というわけです。お手洗いに間に合わないこともありました。ベッドを立つとその場で下着を下ろしてお手洗いに行かれるのです。そしてその途中で間に合わなくなってしまう。ボランティアさんが「今度、お手洗いに行かれるときは看護師さんを呼んでくださいね」とお声を掛けると、「そういうことは言わんでよろしい。黙って片付けるのがあんたの仕事だ!」と一喝。とにかく「偉そう」(失礼）でした。

しかしある時、「〝先生〟と呼ばないでくれ」と言い出されました。〝先生〟と呼ばれると、いつまでも〝先生〟でいるように威厳を持っていなければならず大変だというのです。ご自身、体の変化を感じておられたのでしょう。それからはスタッフ皆から「Cさん」と呼ばれることとなりました。

天を仰ぐ

ある日、私はこの方の病室で、そのかたわらに腰掛けていました。窓の外を見つめておられるので、私はお尋ねしました。

「何をご覧になっているのですか？」

「雲をね」

「え？　雲？　あ、ほんとだ！」

見ると、窓の向こうにある本館病棟の煙突上に、ぽかんと雲が懸かっています。私はCさんの顔を上から覗き込んでいたのに対し、ベッド上のCさんは外の雲を仰ぎ見ていました。私は振り返って空を見上げなければならなかったのです。そしてふとこの方が俳句をなさる方であることを思い出しました。

「Cさん、私も一句できましたよ。恥ずかしいけど…

〈煙突に 群雲ひとつ 春日傘〉

いかがでしょう？」

「春日傘！　うん、いいね」

素人の句が本当にいいのかどうかは分かりません。けれども、「偉そう」だった〝先生〟と同じ窓から雲を眺め、天を仰ぎ、その光溢れる青い空に思いを馳せるよう導かれたことは、私にとって美しい春の記憶として残りました。ご自身の体が弱って行かれる中で、天を仰ぐ眼差しをご一緒させていただいたのです。

天とのつながりが地を生かす

同じ天を一緒に見つめることができるというのは、とても勇気づけられることなのではないかと思います。天と比べた自分の小ささや弱さを感じながらも、誰かと一緒に眺めることで、いろんな人と大きないのちでつながっているのを実感できるからです。天を見るとき、私たちはかえって人間の小ささを、心底愛おしく感じるようになるのかもしれません。

こう話し終わると、イエスは彼らが見ているうちに天に上げられたが、雲に覆われて彼らの目から見えなくなった（使徒言行録1・9）。

その日までの四〇日間、使徒たちは陽春の穏やかさを十分に感謝し分かち合うことができました。復活のキリストが彼らと共にいて、時を過ごしてくださったからです。その方が彼らを守ってくれているという安心はとても大きなものだったはずです。

ところが、そのキリストが、その日は天に上げられて行ってしまいます。キリストは彼らの目の前で天に上げられ、彼らの視界から消え去りました。彼らにとって、地上のどこを見回しても、そこに復活者の姿を見ることができないという状況が出来《しゅったい》したのです。彼らはただ立ち尽くし、天を仰ぎ続けているより他ありません。

しかし、そんな彼らに向かって天の使いが二人、声を合わせて語りかけます。

ガリラヤの人たち、なぜ天を見上げて立っているのか。あなたがたから離れて天に上げられたイエスは、天に行かれるのをあなたがたが見たのと同じ有様で、またおいでになる（同1・11）。

天使たちの言葉には慰めが満ちています。「ガリラヤの人たち」という呼び掛けには、当時蔑まれることの多かった「ガリラヤ出身者」に寄り添うような響きさえあります。天使たちは寄り添いつつ、新たな彼らの使命を示し、語ったのでした。

「あなたたちは、この世の権力からは蔑まれている。その悲しみを知っている。しかしあなたたちは一緒に天を見上げることのできる仲間ではないか。地を恐れるな。そしてこれからは地に視線を戻せ。今や地が、天の業の行われる舞台なのだ。あなたたちはその業を見届け、その証人となる」

それはそんなお告げだったのではないでしょうか。キリストが天と地を結んでくださることの確かさを、使徒たちは受けとめたのです。

こうしてキリストの姿が見えなくなったことが、聖霊降臨への序章となります。キリストの約束通り、その一〇日の後に使徒たちの上に聖霊が降ったときには、彼らは力を受け、世界中で神の業を告知することに派遣されます。使徒たちは聖霊で結ばれ、地上を旅する教会の働きへと召し出されたのです。天を仰いだ者たちが結ばれ、祈り労する者たちへと変えられていったわけです。

心をこめて神を仰ぐ

毎週ボランティアさんが開いてくださるお茶会の時。Cさんはカンツォーネをイタリア語で歌ってくださいました。それから、「次は〝ココアの歌〟を歌います」と言って「〽ココアお国を何百里～」と得意満面に歌われました。Cさんは、そして一年半という近年では破格に長い月日をホスピスで過ごされ、スタッフに愛され、やがて私たちが一緒に眺めたその天に帰って行かれたのです。

「スルスム・コルダ！」

ミサ聖祭の奉献で、叙唱に先立ち司祭と会衆とが「心をこめて」、「神を仰ぎ」、「賛美と感謝をささげましょう」、「それはとうとい大切な務め（です）」と言葉を交わす場面です。ラテン語典礼では「心を高く上げよ」、「我ら主に向かいて（心）抱けり」と直訳できるやり取りです。天は常に人の弱さを包み、つながることの強さへと遣わしてくださる。視線を高く上げ、神を仰ぎ、この地を生きる恵みを味わいたいと思います。

7　客人（まれびと）との出会い

まれびとのための病院

病院は英語で「ホスピタル」。この hospital の語源は「見知らぬ人」、「よそもの」を表す hospes というラテン語だったそうです。

このラテン語から、二つの相反する、まるで正反対のような言語群が英語に生まれました。片や、hostile、hostility と「対立・敵対」を表す言葉です。まさに「よそもの」に向けられる感情でしょう。しかし一方では、この同じ言葉が、host、hospitality、hotel、と「もてなし」を意味する単語にもなっていくのです。hospital や hospice がこの意味から派生するのは言うまでもありません。ここには、「よそものとの出会い」を大切にする価値観が前提とされています。「もてなす」という行為は、下手をすれば「敵対的」になりえる「他者」を前にしつつ、そこであえて膝を屈めることです。民俗学者折口信夫が、日本にも「稀なる人」、つまりよそからの旅人を神的訪問者としてもてなす「マレビト（客人）信仰」というものがあったと指摘していますが、それと共通する精神性でしょう。そこで出会うのが自分と違う異質な他者であるからこそ、その相手と、実は同じ命を生きているのだということを確かめ、その関わりを「もてなし」で満たそうとする――まさに、そこから「病院」という存在も誕生したのかも知れません。

されこうべ

六〇代の男性患者さんでした。体の至る所に大蛇やら白虎やらの彫り物がしてあるのですが、中でも左腕に刻まれた髑髏《どくろ》が睨《にら》みを利かせていました。「ちょっと怖い方なのかなぁ……」と思いつつ、この方との会話を探っていたのも事実でした。ところがある日、種明かしがありました。

「なあ、この髑髏の意味は分かるかい?」

「うーん、なんでしょう……」

「これはな、『人種差別反対』だ。人は死ねば、みんな髑髏だろ? どんな肌の色をしていても……」

あまりの「正義」な解答に、私は虚を衝かれたような気がしました。「人を見た目で差別するな」というのです。露天商をされていたこの方が、ご友人に彫ってもらったものであったそうです。

この方には障害を抱えた息子さんがいらっしゃるのです。人の目に映るその姿から、生きにくさを味わってこられた息子さんでした。息子さんを思っての髑髏だったでしょうか。患者さんのお母様がご健在で、その息子さんの面倒を見てくれていました。

「俺は、息子と母親、この二人を置いて先に逝くんだよなぁ」とおっしゃいました。遺されるお二人のことを、とても案じておられました。

私は、この方の本当に深い愛情と温かさ、そして悔しさを感じて、涙が出そうになりました。

「腕、触ってもいいですか？」

「ああ、いいよ。昔はこの腕、もっと太くて、髑髏も見栄えがしたんだけどなぁ。今じゃ、この様だよ」

悲しい笑顔をなさいました。私はその腕に触れさせていただきながら、キリストが「されこうべ（ゴルゴタ）」と呼ばれる場所で死んだことの意味を黙想しました。

身ぐるみをはがされて

ある人がエルサレムからエリコへ下って行く途中、追いはぎに襲われた。追いはぎはその人の服をはぎ取り、殴りつけ、半殺しにしたまま立ち去った（ルカ10・30）。

「善いサマリア人」の譬えの中で、その人はエルサレムからエリコという町に下って行きます。距離にして三〇キロメートル弱。海抜七五〇メートルのエルサレムから、海面下二五〇メートルのエリコへ、文字通り、道を下って行くのです。その男が何者であったのか、ほとんど何も書いてありません。でもきっと、追いはぎに狙われるだけの目に麗しい持ち物と身なりは備えていたのでしょう。

目的地のエリコは、それなりの資産家たちが住む町です。領主ヘロデが冬を過ごす別荘もありました。貴族や祭司や高級官僚の邸宅もたくさんありました。あの「ザアカイ」(ルカ19・1以下)もエリコの人です。巨万の富がそこにあったのです。今、追いはぎに襲われたこの人も、そのエリコに向かっていたわけですから、このエリコに住んでいたか、あるいはそのようなエリコの人々と付き合いのあった人物だったはずです。

ところが彼は、その道中で身ぐるみをはがされてしまいます。「半殺しに」とありますから、言葉を発することもできなかったことでしょう。身なりとか言葉遣いというものが、その人の生まれや属性を、今よりずっとはっきり示した時代です。その時代に、彼は、何者でもない、ただ辛うじて息をしているだけの存在になってしまいます。

祭司やレビ人と呼ばれる宗教者たちが彼のそばを通ります。ところが、彼らは男を見なかったことにして通り過ぎます。彼らは、すべての価値判断の基準に「仲間であること」や「同胞であること」をおいていました。外国人と関わりをもつことは、彼らにとって、大変に忌まわしいことであり、神殿祭儀に差し障りのあることです。ましてその男は不浄の血を流しているのであり、ひょっとしたらもう死んでいるかも知れません。

「あれはよそ者なのではないか」

一瞬でも、そんな思いがよぎったとしたら、彼らにその男を同じ人間として認めさせることは難しかったでしょう。熱心な宗教家たちにとって、男はもう「命」ではないのです。

サマリア人に助けられて

しかし、その男は助けられたのでした。しかも事もあろうに「サマリア人」によってです。ユダヤ人とは関係が悪く、普段なら口も利かないのが「サマリア人」。身ぐるみをはがされ、今や何者でもないものになったその男は、彼にとって根っからのよそものであり、見知らぬ敵対者であるはずの人物によって、見出され、「命」を認められ、助けられ、宿屋へと連れて行かれて、その客人となりました。今までは出会うことなどなく、ただ忌まわしいとだけ思っていた「よそもの」が、彼の命の救い手となったのでした。

それは本当に深い意味での出会いだったのではないでしょうか。彼は今までの、その小さな世界観を打ち破られるような体験をしたことと思います。彼を助けてくれたのは、まさに「まれびと」です。

聖書はこの「まれびと」の姿にイエスの姿を重ねていたかも知れません。私たちはとても小さな世界に生きています。同じものだけに心を許し、異質なものを受け入れないのです。しかし、その頑なさを破るためにイエスは世に来られた、と言うのでしょう。異質なサマリア人こそが、私たちの隣人となるのだということを、聖書は私たちに訴えかけているのかも知れません。

一人ひとりがつながって

「もう来週くらいには旅立ちたいと思う」

入れ墨の患者さんは、そう語られたのち、三日目に亡くなりました。奥様と娘さんに見守られての旅立ちでした。息子さんはその場に居合わせることができませんでしたが、この方の確かな見識と愛が、ご家族のつながりを強めていました。

今、不確かな未来を前にして、異質な者を退ける空気が、私たちの社会を支配し始めているかも知れません。社会的な困難に見舞われて、ただでさえ孤立しがちな人々がさらに孤独になっていくということもあるでしょう。しかし殊《こと》に病院では、誰もが同じ命を生かされているのだという事実を深く突きつけられます。そして結局のところ、まさに肩書を超えた一人ひとりの愛の力がどれほど大きいものであるかということを実感させられるのです。

私たちはみんなが同じように生きているわけではありません。でもだからこそ、誰もが他者の温もりを感じて生きられるように、今こそ、異質と感じられる人々と思いを通い合わせることが大事なのでしょう。

誰もひとりぼっちにしたくない——私は、髑髏マークを見るたびに「人種差別反対」の合い言葉を思い起こします。

8　着込んだ重み

引き揚げから始まった病院

一九三八年、京都大学のＹＭＣＡにいた医学生が中心となって「基督者《キリスト》学生医科連盟」ができました。その医科連盟は現地ＹＭＣＡと協力して、南京に朝天医院という病院を設立し、日本軍の激しい蹂躙《じゅうりん》に遭った人たちへの無料診療に当たったそうです。そこには償いの思いが込められていたのでしょう。しかし、敗戦とともに閉院。彼らは引き揚げることとなります。ところが折しも旧海軍共済会横須賀病院の「衣笠分院」が日本基督教団に払い下げられることとなり、彼らは新病院のために再び結集し、尽力することになったわけです。こうしてできたのが「日本基督教団衣笠病院」（現在は社会福祉法人立）です。

一九四七年八月一日の開院。敗戦二年で建てられた病院には、大戦における加害と喪失への痛みが基盤に滲み、いのちの大切さを訴え、福音による平和を希求した人々の願いが込められているように思います。八月の創立記念を迎えると、病院のその使命を思い起こします。

「この人を包んであげよう」

老人ホームでお暮らしの女性。お年は九〇を少し過ぎたくらいでしょうか。長野の材木屋さんの娘としてお育ちになった方でした。建物がすべて木材で出来ていた一昔前まで、材木屋と言えば、店の間口は広く、使用人も多く、潤沢な資金に恵まれているのが常でした。この方も比較的裕福な家庭にお育ちになっていました。

「娘としてのわがままが通ったのよね」と語られました。縁談は直前になって断ったのが三度。その度に親は結納を倍返しして詫びたそうです。

しかし、お母様の体調が優れなくなりました。心臓を患われたそうです。この方は、そして決心なさいました。「年が明けて、最初にあった縁談を断らないようにしよう。その方の所へ嫁ごう。母親に何としても花嫁姿を見せなければならない」

すると果たして、正月七日に縁談があったというのです。お相手はご両親を幼いときに亡くされていて、やや経済的に困窮している様子の方でした。しかも聞くと、相手はこれから満州（現中国東北部）に渡ることになっています。満鉄に請われて、ハルビンに赴くことになっていたのでした。

旅立ちの予定は挙式の一週間後。ご両親はためらいました。しかも神様のいたずらか、そこへ別の方からも縁談がありました。そちらは歯医者さん。それなりの資産家です。

でもこの方の心は決まっていました。「最初の縁談の方だ。その実家の建物がどんなに粗末でも関係はない。なにせこれからは満州に渡ってしまうのだから」

挙式も早々、とにかくお母様に白無垢を見せることができたという思い出だけを持って、ハルビンへと渡っていかれました。

毎日、お母様に手紙を書かれたのだそうです。それがひと月。そしてお母様は帰らぬ人となられました。どれだけ悲しく、涙を流したか。

けれどもご主人の反応です。「何を言っているか。俺は最初から親の姿など知らない」と言うのです。何と冷たいこと。しかしこの方はそのとき、ご主人に対して怒りではなく、自分がこの人と一緒になった理由のようなものを感じられたと言います。「そうか、親というものを知る、この私がこの人の親代わりをすれば良いのだ」

それから、この方はご主人のために背広を何着もあつらえて差し上げたのだそうです。いつも最上のものを。ご実家では着ることのできなかったような最良のものを。「あの人を包んであげたい」と、そんな思いだったと語ってくださいました。

着られなくなった背広

日本は戦《いくさ》に敗れ、満州国は崩壊しました。間もなくハルビンにもソ連軍がやってきて、あちらこちらで略奪や強姦が始まったそうです。ご主人は鉄道員であったために捕虜となり、自分たちから巻き上げた彼らの分捕り品を運ぶために手伝わされることになりました。夫を待っている余裕はなく、母娘だけ、先に引き揚げ船に乗り込むことになりました。そしてそのとき、あの背広から選びに選んで三枚だけ、重ね着をして逃げました。夏の暑さの残る九月、必死で。帰って売れば、当座少しはしのげるかとも思いながら。

残念ながら、蒸し風呂の満員船で日本に着いたら、一番下のものはもう着られたものではない状態になっていたそうです。それでも「二枚は守ってこられた」と。

やがてご主人も復員なさり、平穏な暮らしを取り戻されましたが、二〇年ほど前に他界されました。奥様は振り返り、相好崩して言われるのでした。

「私はさんざん主人のために尽くしました。もういいわ。子は末代まで関わりがあるけど、夫婦は一代限り。生まれ変わってもあの人と一緒になることはないわ」

偽悪的におっしゃるけれども、これ以上ない愛を注いで、したたかに生きてこられたこの方の物語でした。

裸の辛さを知っているから

イエスは自らの死が差し迫ったとき、世の終わりの裁きについて語ったことがあります。

はっきり言っておく。わたしの兄弟であるこの最も小さい者の一人にしたのは、わたしにしてくれたことなのである（マタイ25・40）。

衣笠病院は、この聖書の言葉を「創立の精神」に選んできました。病む人に寄り添うことがキリストにつながることを信じてでしょう。老人ホームができた一九七〇年頃から法人運営の理念となってきたようです。

イエスは、このマタイ福音書25章31節以下のくだりで、世の審判者として立ちながら、生きることの困難を知り、羊のような弱さを抱えて生きてきた人たちこそが、実は愛の担い手であったことを宣告します。彼らは、飢え、渇き、放浪し、裸となり、病気となり、牢に入れられている人々を、神に見捨てられた者としてではなく、むしろ自分たちに与えられている祝福を分かち合うべき存在として受け止めたと言うのです。そして、そのようにこの世から置いてけぼりにされてしまったと思う悲しみ、裸であることの辛さは、まさにキリスト自身が、自分のものとして知っている痛みでもあると慰めるのでした。

大陸を引き揚げ、祖国の焦土に帰還した人々は、そこにも裸で生きざるを得ない人々がいることを目撃したのではなかったでしょうか。そして、彼らに衣服を着せ、自分たちに許されたいのちの営みを分かち合うことを通して、そこに希望が再び輝く原点があることを示そうとしたのだろうと思うのです。

愛を身に着て

ハルビンから背広を重ね着して持ち帰った女性が亡くなった年の秋、施設で行われた永眠者記念礼拝にご長女の姿がありました。あの日一緒に引き揚げ船でお帰りになった娘さんです。お母様が施設に入居なさっている間、本当によく面会に来られていました。施設の食事にカレーが出る日は、ご自身が家で特別のカレーを作って持参されます。お母様はおなかが弱く、普通のルーを使ったものは食べられないので、油抜きのカレーを娘さんが作られるのです。お仲間と一緒にカレーを食べられるようにするためでした。

礼拝後に娘さんがおっしゃいました。「今は買い物するにしても何をするにしても、母がいないのだということに、あっと気圧《けお》されるような感じです」

買い物のための道順が、お母様に何を持っていってあげようかということによって選ばれていたそうです。その生活、いや娘さんのご生涯全体の上にも、お母様の大きな愛が重ねられていたということであったのではないかと思います。

困難の中で、愛に生きてきた人々の物語があるのでしょう。それに出会い、包まれるとき、人は自分も新たに、愛に生きることができるようになるのではないかと思います。そしてそこに、キリストが共に歩まれることの平和を思い、生きる道を見出したいと願うのです。

9　言葉を取り戻す

「語り」に心をとめて

お医者さんが診察室で、患者さんの話を黙って聞いていられるのはどのくらいの時間だとお思いになるでしょうか。私の病院のある医師は「四分」と答え、ある医師は「四〇秒」と苦笑しました。いやいやご謙遜。この先生たちはなかなか親身です。もう四〇年も前になるのですが、アメリカで同じ調査がなされたことがあったそうです。結果は……「平均一八秒」。皆さんどう感じられるでしょうか。

それからずいぶん時代が変化していますし、診療科や病院の規模によって違いも大きいと思います。でも、基本は変わりません。医療の現場では、患者さんの「経験」以上に「正確で客観的な診療」に関心の重きが置かれるわけですから、患者さんの発言はどうしても遮られるわけです。

「昨日孫を抱こうとして転びました」

――「何時頃？　頭打った？　痛みの度合いは一〇分のいくつ？」

そう聞かれる度に、朝から話そうと思っていたことの何分のいくつも伝えられずに診察室を出てきてしまわれる方は多いことでしょう。本当は「恥ずかしい、情けない」ということを聴いて欲しいのに、です。

「ナラティブ・アプローチ」「ナラティブ・メディスン」……最近は医療の世界でも「ナラティブ」という単語が流行りのように多用されます。患者さんの「語り」を表す言葉です。医療者も真剣なのです。「今までの医療に足りなかったものは何だったろう」と。「もっと患者さんの話を、体験を、価値観を聴かなくては。点としてのエピソードではなくて、線・面としてその人の語りを受け止めよう。その人の世界に入って、そこで一緒に課題を乗り越えていこう」。そんな医療が注目されつつあり、とても心強いことであるように感じています。

その人の声に

ホスピスで亡くなられた、ある患者さんがおられました。食道がんの患者さんでした。食道の腫瘍が大きくなると気管を圧迫することになります。そしてやがては呼吸ができなくなることもあります。それを防ぐためには、咽頭から気管を分離させ、喉に気管孔を造ります。いわゆる「気管切開」という手術で、この方にとっても、それは標準的な治療法として選ばれたのだと思うのです。またこの方は、食道と、胃の上半分を切除して、喉頭と胃の下の部分を直接つなぐという手術も受けておられました。

けれども、気持ちは置いてけぼりにしたままの選択だったのでしょうか。ホスピスに来られてから、ぶり返すように、「死にたい、もう終わりにしたい、無理ならずっと眠らせてくれ」と周囲に伝えておられました。

特に二つのことに苦しんでおられました。ひとつは、胃に入れたものが絶えず逆流してくること。もうひとつは、声を失ったことです。

筆談用のノートを作っておられました。そしてその最初のページにはこう書いてあったのでした。

「私が書く文章を読み上げてください。あなたの声が私の声になります」

初めて訪室した日、私はそれを目にしてどきっとしました。私が道具となって、その方の声になるというのです。そしてそれは実際に辛い作業でした。

その方は順にノートに書いていかれました。

「なんであんな手術を受けてしまったのだろう」

私はそれを読み上げるのです。「なんであんな手術を受けてしまったのだろう」

「医者におごりがあったのだと思います」

「人間、生きていればそれでよいというものではありません」

「もう終わりにしたい」

きつい叫びが、そこには綴られていきました。

言葉を失うときに

私はそれを読むのにためらいを覚えずにはいられませんでした。そして読み上げつつ、私自身は言葉を失ってしまったのです。大きく悲しみを覚え、返す言葉はなく、ただしばしそこに留まった後、「また来ます」とお部屋から退散しました。

この方のことは、たびたび病棟カンファレンスで話題に上りました。どうしたら少しでもこの方に寄り添えるだろうかと話し合いがなされました。協議の場にご本人に一緒にいていただいたこともあります。妙案は出ません。ところがこの方は、それでも最後には一同に向かい、深々とお辞儀をなさって部屋に帰って行かれたのでした。私たちは言葉を見つけられませんでした。でもひょっとしたらこの方は、何よりも、ただ私たちにご自身に代わって声となり、その言葉を記録に、そしてこの世に遺して欲しいと願われたのではなかったかと思わされました。

廊下でお会いすると、いつも悲しげに、車椅子から深々お辞儀をしてくださる方でした。

黙らせようとする力の中で

病む人から言葉を取り上げようとする力の働くことがあると思います。

イエスの一行がエルサレムに近づき、エリコの町に着いたときのことでした。道端で物乞いをしていたバルティマイという名前の盲人が、声を上げて叫び始めました。

「ダビデの子イエスよ、わたしを憐れんでください」(マルコ10・47)

資産家の多く住む町、エリコ。そこで「物乞い」をしていた彼の声に、今までどれほどの人が耳を傾けてくれたことでしょうか。その彼の町に、「ダビデの子」は到来します。「ダビデの子」に対して彼は「ティマイの子」。家格が違うと思う人もあったかもしれません。「多くの人々が叱りつけて、黙らせようと」(同48節)しました。寄ってたかってです。

ところがイエスは足を止め、「あの男を呼んで来なさい」と言うのです。「呼ぶ」と訳されている単語は、「音を発する」という意味の動詞ですから、目の見えないバルティマイのために、実際にそばで声をかけ、寄り添い、関係を結ぶことを人々に求められたのではなかったでしょうか。欣喜《きんき》雀躍《じゃくやく》してイエスの許に参じた彼に、イエスは改めて尋ねます。

「何をしてほしいのか」(同51節)

それは、バルティマイにとって、初めて自分の言葉を真正面から受け止めようとしてもらった体験だったのではないかと思うのです。

「あなたの信仰があなたを救った」（同52節）

イエスは最後にそう宣言されました。社会が病者をどう管理するかではない。その限られた条件を見極め、どう善後策を講ずるかというようなことでもない。キリストにあっては、ただ、その人自身が何を感じ、どう経験を積み重ね、何を望んでいるのかということへの「その人自身の声」が求められ、そこでいやしが始められるのです。その男は、自分の声がひとりの「人間の言葉」として聴かれたことで、他者との関わりをも取り戻すことになったのだと思います。

再び関わりの中に

ヨハネによる福音書は、その冒頭で、キリストが「言《ことば》」であったと書きます（ヨハネ１・１）。とても抽象的で、いろんな概念を含んだ言い回しですが、その核にあることは、「神が人とのコミュニケーションを取り戻された」ということの告知だと思います。闇と混沌の中にうずくまり、見えず、叫んでも聴いてもらえない断絶の中に、キリストは宿り、失われた「言葉」を取り戻してくださったのでしょう。

そしてキリストはまた、私たちも誰かの声になっていくことができることを教えてくださっているのではないでしょうか。誰かを押さえつける代わりに、その人の声となって生きることを、です。そうすれば、ギスギスする世界も、もっと柔らかくなるような気がします。私たちは誰もが闇や混沌の辛さを知っています。本当にそれは辛いものでしょう。だからこそ、今は自分の言葉だけでなく、「その人の言葉」に、きちんと意味を見つけ、関わりを求める生き方をしたいと思うのです。

10　たとえ倒れても

一歩一歩

「一歩一歩ですね」という言葉を、患者さんの横で口にすることがあります。いっぺんに良くなるわけではないし、「昨日は良かったのに」ということもあるからです。「お変わりありませんか？」とお尋ねした後で、「少しは良くなるといいですね」と言うこともあります。ちょっと引っ掛けのようなやりとりですが、「変わりありません」というのは、よく考えてみると、患者さんにとって少しもいいことではないからです。でもだからこそ、毎日「一歩一歩」なのだとも思うのです。

そして、患者さんたちは「一歩一歩」「良くなって」いくばかりではありません。中には、「悪くなって」いく方もあるのですし、特にホスピス病棟ではそのような方のほうが多いと言っていいかもしれません。その方たちのかたわらで、信念を持って、それが、本当に慰めとなることを願ってこの言葉を使うには、少し勇気がいります。たとえどんな状況になっても、その「一歩一歩」が神の守りの中にあることを確信していなければなりません。

詩編の詩人は歌います。「主は人の一歩一歩を定め／御旨にかなう道を備えてくださる。／人は倒れても、打ち捨てられるのではない。／主がその手をとらえていてくださる」（詩編37・23－24）。神の定める一歩一歩は、私たちの思う道と違うところに行くかもしれません。でも、たとえ倒れることになっても、私たちは見捨てられたわけではないし、むしろ、その守りの中にいるのだ、と詩人は歌うわけです。

いつもの道

私は、それと同じ告白を、ある患者さんの口を通して聴き、驚いたことがありました。

その方は八〇歳の男性でした。かつて大手のパン工場にお勤めで、運搬用トラックの運転手をなさっていた方です。元々自動車の運転は好きでいらしたのでしょう。ときどきご家庭でも、奥様を助手席に乗せては、ドライブに出掛けるのを趣味とされていました。

「別に遠出をするわけじゃないんだ。いつも同じコースでね」

横須賀から逗子・鎌倉・藤沢へと、湘南の海岸を走らせるのが、その「いつも」でした。

そのときも、お二人は「いつも」の道を走りました。見た目にはまだお元気のご主人が、実際は病が進んでいることがわかり、入院を決められたときです。けれども、その日は奥様がずっと下を向いていたのでした。帽子のつばをぐっと引き下げて、顔を隠しておられました。ご主人は声を掛けました。

「お前、泣いているのか」

奥様が答えます。

「だって、あなたが……私は何度も言ったのに、お酒をやめないから。だからこんな体になっちゃったんでしょ。遺されるほうの身にもなって考えてみなさいよ」

「俺は返す言葉がなかったよ」と、ご主人は入院されてから振り返り、私におっしゃいました。居酒屋通いを「生きがい」としていた方でもありました。

「俺だって、反対にひとり遺されたらどうしようかと思うもんな。俺なんて家のこと、なんにもわからないし、ごみの分別もわからないし、飯だって炊けない。周りは炊飯器が炊いてくれるって言うんだけど、水計ったりもできないしなぁ……」

話はどうしてもご自分のことになってしまわれます。それでもそこに、奥様への信頼と愛がにじみ出る方でした。結婚五〇年を迎えたときには、ご自分の古い指輪を熔かして新しい指輪にし、奥様に贈られたのだそうです。

「七〇過ぎても、そんなものが好きなのかねぇ、なんだか恥ずかしそうに自分の指をあっちから、こっちから眺めているんだよ。若いころは、目がパッチリしている女がいい、おちょぼ口がいいとか言ってたけど、今となっては女房が一番いい女だと思うもんなぁ」
涙を浮かべながら、そんなこともおっしゃった方でした。

ひとりではない

ある日、「礼拝に行って来た」とおっしゃいました。それはだれもいないチャペルでした。その前をたまたま通りかかったので、「入ってみようか」と奥様と娘さんと三人で、礼拝堂というところへ生まれて初めて入ったというのです。

「どうやっていいかわからなかったけど、こうやって、こうやって（手を組んで十字を切って）祈ったんだよ」

そして、ご主人は神妙に言われたのでした。

「そうしたら、俺はキリストの声を聞いた」

「え？　……なんとお聞きになったんですか」

「『たとえ倒れても、お前はひとりではない。たとえ路傍で倒れても、あなたはひとりで倒れるのではない』――そう聞いたよ。自分は信者でもないのに、キリストの声を聴いたんだ。信者じゃないのに、家族三人で礼拝ができたんだ。何かに導かれているっていうことだろう。この病院に入院した。そして家族で礼拝した」

この方は、自分がひとりぼっちではないことを、本当に幸せな思いで感じ止めておられたのでしょう。奥様と娘さんが一緒にいてくれることの平和でした。そしてそのとき、キリストも間違いなく、実際に、「私もあなたとともにいる」とこの方にお告げになったのだろうと思うのです。

柔和な人は地を継ぐ

詩編37は、苦しみを耐え抜いて生きてきた人の詩です。彼は詩人でもあったダビデ王の名前を借りて、その信仰を告白します。およそ2節ごとの冒頭の単語が、原詩では順にアルファベットになっている、技巧的に美しい詩です。

彼は「悪事を謀る者／不正を行う者」（1節）が栄え、「繁栄の道を行く者／悪だくみをする者」（7節）が地上で力を振るう現実に直面してきました。この世では、神を侮る人のほうが権勢を誇っていることを、詩人も認めざるを得ないのです。

しかし、それでも彼は、そのことで「いら立つな」と繰り返します。その横暴（35節）こそは滅びの道であり、神に信頼する者こそが、未来の平和を作る者だと語るのです。

11節には、「貧しい人は地を継ぎ／豊かな平和に自らをゆだねるであろう」とあります。ここで「貧しい」と訳されている「アーナウ」というヘブライ語は、圧迫や抑圧を受けている状態、また転じて、そのために木の枝がたわむようにしなやかさをたたえ、忍従する強さを獲得した状態を表す単語だといいます。古いギリシア語訳の聖書では、ここに「プラウス」という単語を充てましたが、それは「柔和」という意味でもありました。まさに「たとえ倒れても生きていける」と言える、そんな一途な神への信頼を表す言葉でもあるのでしょう。イエスもまた、そんな「アーナウ」な人々に向かって語っていました。

柔和な（プラウス）人々は、幸いである、／その人たちは地を受け継ぐ（マタイ5・5）。

貧しさや抑圧に耐える中で、その分、神を求め、自分と隣人のいのちを大事にしようとする人々がいます。そしてそのような人たちこそが、たしかに平和を次の世代に伝え、遺すのだと、詩人もキリストも、ともに私たちに訴えているのでしょう。

最期の一歩

その患者さんは、「礼拝に行って来た」と語ってくださった翌日、体調がとても悪くなられました。身の置き所がなく、じっとしていられなくなって、看護師と少し歩かれました。病室のある二階から一階の談話室まで降りてきて、ソファに腰を掛け、口をつぐまれました。

そこにたまたま私も居合わせました。一緒に座りました。沈黙。そしてしばらくの後、

「祈ろうか」

私が、そう声を掛けると、

「うん」

と頷かれるので、三人で祈りました。

「ありがとう」

その言葉を残し、この方は看護師とお部屋に戻られました。そしてその二日後、帰天されたのでした。

この方の最後の一歩は、おひとりで歩まれたものではありませんでした。看護師と、そしてこの方が感謝していたすべての人々。だから、そして本当の最期――旅立ちの朝のその一歩には、キリスト自身が伴ってくださったはずであると、私は思うのです。

11　闇の中の光

光の始まり

クリスマス・イブ（一二月二四日）はクリスマス（一二月二五日）の「前夜祭」であると思っている方は少なくないかもしれません。いや、教会でもふつうに「降誕前夜祭」という言葉を使うのですが、正確に言えば、実はそれはすでに、クリスマスの「当日」なのです。

古来、聖書の世界では、日の入りと共に一日が終わり、新しい一日が始まると考えられてきました。ですから、イエス・キリストの誕生を祝う一日も、一二月二四日の夕方に始まり、一二月二五日の夕方に終わるというわけです。クリスマス・イブの「イブ」は「イブニング」の「イブ」。キリスト降誕祭の始まりを告げるのが、二四日夕のミサ／礼拝であり、典礼色は待降節の紫から白に改められ、朗詠者は高らかに「今日、キリストは生まれた！（Hodie Christus natus est）」と歌い上げるわけです。

これはなかなかに素敵なことではないでしょうか。日が落ちて辺りが暗闇に包まれていくのです。不安やむなしさ、恐れが胸を支配する時間です。孤独や悲しみが、人をしんみりさせる時間でもあります。しかし、そのときにこそ、教会は新しい希望の誕生を世界に告知するわけです。クリスマスは、暗闇のまっただ中で光が始まったことを喜ぶ、まさにその時なのです。

生きているからこそ辛さも

五四歳で、アルコール性肝硬変から肝がんになって、食道まで病魔に冒されてしまった方がおられました。

「毎晩、酒ばっかり飲んでいました」

それは、猛烈な仕事をこなしていくためのわずかな慰めであったと、この方はおっしゃいました。

「でも今年に入ってから、何度も血を吐きました。救急車で運ばれたときも、その中で血を吐いて、迷惑を掛けました」

一体、この方が体を壊すほどにまでアルコールに頼られた元には、どれほどの過酷なお仕事の状況があったのでしょうか。しかしそれほどに苦労をなさった働きであったのに、この方には、追い打ちを掛けるようなことが待っていました。

「六月に会社が倒産してしまって。社長がいい人で、必死に再就職先を見つけてくれました。

でも、もうこの体では……」

そのまま失業ということになって、失業保険の申請をしなければならなくなったそうです。しかしその手続きも弟に任せっきりであったと、この方は申し訳なさそうでした。お父様とお母様との三人暮らし。お父様は心臓にペースメーカーを入れておられるので、もしお母様が倒れてしまったら、それこそ大変だと心配なさっていました。

「ちょっと、ぼおっとしていてすみません」

ここまでのやりとりを三〇分くらいかけて、ゆっくりお語りになったこの方。しばらくの沈黙をおいて、それからぽつんと、そうおっしゃいました。がんは脳にも転移していて、以前はまったくお話ができないときもあったそうです。その日は放射線の全脳照射を受けてからホスピスにご入院なさったばかりだったので、この方にとっては、ほんの少しばかり訪れた、小春日和のような日でもあったのでした。

なんでこの方に、こんなにも辛いことが立て続けに起こるのでしょう。病気と倒産・失業。お父様のこと、お母様のこと。たくさんのことがこの方の肩にのし掛かっているように思われました。でも、ゆっくり、まっすぐに言葉を紡がれる小春日和の中のこの方に、私は何か崇高なものさえ感じました。

「ああ、生きているんですねぇ。生きているからこそ、こんなにもお辛くていらっしゃるのですねぇ」

思わずそう口走った私の言葉に、この方は目元を緩めてくださいました。

「いい子、いい子」

翌日再び、この方のお部屋を訪ねました。すると、室内が暗いのです。明かりがついていていません。私は正直一瞬、「もしや亡くなられてしまったのだろうか」と恐れました。しかし暗闇の中で、ご本人がソファに座り、目を閉じておられるのが見えて、ほっとしました。そこには、この方のお母様が付き添っておられました。

「ああ、お休みですか」

「ええ、ようやく落ち着いて」

「昨日、息子さんとずいぶんお話をさせてもらったんです。お母様のこと、本当に心配されていましたよ」

「そうでしたか、この人の父親も具合が悪いものですから。私が倒れてしまうとね……」

そうおっしゃると、お母様は息子さんのそばに、さらに一歩近づかれました。そしてその背中のところに立たれると、まるで小さな子どもをあやすように、手で頭の上に円を描かれました。

「いい子、いい子」

病の中でご自分のことを案じてくれた、本当に「いい子」です。それはたしかに、辛い場面でした。けれども、こんなに美しい場面もなかったかもしれません。そこに繰り広げられたのは、お互いを案じ合う、親子の愛の風景だったからです。部屋は照明を落とし、真っ暗だったのですが、そこにはっきりと、一つの明かりが灯されたようでした。

悲しみ、生きる「立派さ」

辛さや悲しみを引き受けている人こそが、本当の意味で、光を掲げることができるのかもしれません。この殺伐とした世にあっては、痛みを通じてはじめて、真実の大切なことを示せるような瞬間があるとも思うのです。

イエスはあるとき、たくさんの群衆を前にして、こう語られました。

そのように、あなたがたの光を人々の前に輝かしなさい。人々が、あなたがたの立派な行いを見て、あなたがたの天の父をあがめるようになるためである（マタイ5・16）。

これは、「あなたがたは世の光である」という言葉に引き続いて語られたイエスの言葉です。イエスは、そこに集まっていた群衆が「世の光」だと言われたのでした。「世の光であれ」と努力を求められたわけではありません。そのままで、すでに「世の光」だというのです。

そこにいた群衆は、「心の貧しい」人々でした（同3節）。「悲しむ人々」で、「柔和」で、「義に飢え渇く」人々でもありました。中にはきっと病気を患っている人がいたし、障害を抱えている人々もいたし、眠られぬ夜に身を委ね、起きられぬ朝に鞭を入れて日ごとの業につくような人々もいたことでしょう。社会の冷たい視線を感じて、人目を避けたいような衝動を覚えることも多かった人々ではないかと思います。

しかしイエスは、そのような「あなたがた」こそが「光」なのであって、それを「升の下に置く」（同15節）ようなことをしてはならない、と言うのです。「その悲しみを知っている者として、人々を照らせ」と言われるのです。ここの「立派な行い」とは、世間で言われる「立派さ」とは違うものでしょう。それは決して道徳的な「立派さ」ではないし、まして地位や名誉ではありません。そうではなく、「今まで幾度も悲しみを引き受けながら、それでも今日まで生き抜いてきたこと」、それ自体の崇高さのことだろうと思うのです。イエスはその「立派さ」こそが、天の父を示す「光」となると言われたのでした。

降誕を待ちつつ

患者さんはその数日後、亡くなりました。そして、最愛のお母様の胸に抱かれました。まるで

「ピエタ」でした。このお二人は、経験されている状況のお辛さを、闇の中で深く分かち合われることによって、いのちの崇高さそのものを、私たちに証ししてくださったように思いました。

光は闇の中で輝いている（ヨハネ１・５）。

一年の営みを振り返りながら、私たちはクリスマスの大きなメッセージに思いを巡らします。経験したことのない困惑と動揺、分断と孤立、先行きへの不安に襲われた日々であったかもしれません。だからこそ、その時を生きてきた私たちとして、キリストの降誕を祝い、それぞれのいのちの輝きを、闇に照らし出したいと思うのです。

12　小さな生活者たちに

羊飼いたち

コロナ禍になってからのクリスマスを、特別な感慨をもって過ごされた方は多いのではないかと思います。私たちが体験したことは、誰もが未経験のことであり、世界が大きく変わってしまうのではないかという揺さぶりを伴ったものでした。いのちのこと、生活のこと、文化のこと、生きる意味のこと――さまざまに思いを巡らしながら、私たちは一年一年を過ごしたのでした。

私たちは特に、羊飼いたちの姿に目を留めました。彼らが野宿をしていたからです。「ステイホーム」が合い言葉になりましたが、家のない人々がいます。私たちは野宿者たちに思いを馳せたのでした。

羊飼いたちは蔑まれていました。安息日を守らないからです。いのちに関わるものは休むことなく働きます。彼らは「エッセンシャル・ワーカー」でした。

羊飼いたちは嫌われていました。上品な着物も振る舞いも持ち合わせていなかったからです。

それは毛を刈り、肉をさばき、乳を搾り、革をなめすためでした。彼らによって、イスラエルの生活は支えられていたのでした。

羊飼いたちはダビデの町ベツレヘムにやって来て、飼い葉桶のみどり子を見守りました。彼らは新しい生命へのケアに長けていたことでしょう。それは寒風すさぶ家畜小屋。身寄りのない聖家族にとって、心強い存在だったはずです。

今日ダビデの町で、あなたがたのために救い主がお生まれになった（ルカ２・11）。

いのちにつながり、それぞれの生活をささげる人たちのために、キリストはおいでになりました。私たちはその福音を味わい、たくさんの人々の支えによって今日生かされていることの不思議に目を留めつつ、コロナ禍の特別な降誕節を歩んだことでした。

もっと素直であったら

五六歳だった、ある患者さんのことです。

「俺ももっと素直だったら、神父さん（筆者のこと）みたいになれて、上手に人と関われたかも知れないんだけどな」

そう言われたことがありました。「自分にはひねくれたところがある。人の厚意を素直に受け入れられないところがある」と言われるのでした。

「例えば、『車椅子押しましょうか』とか声をかけてくれる人がいても、『いいえ、結構です』って突っぱねちゃうんだ。触らせない。触れさせない。近寄らせない。なんか意地になっちゃうんだよね」

子どもの時から、脚に軽い障害があって、普通に歩いたり走ったりすることはできなかったという方でした。

「ほら、子どもって残酷じゃない？　まず見た目でいじめるんだ。幼稚園から小学校低学年くらいじゃないかな。でも兄貴が強くてね。俺のことをずっと守ってくれた。ある時、クラスの子を本気で叱ってくれたことがあって、それからはいじめられなくなった。それどころか、他の学校の子どもからからかわれるようなことがあったときに、クラスのみんなが俺のことを守ってくれることまであったんだよね。あぁ、あの頃のまっすぐなまま育ってこられたらなぁ。いつからかなぁ。やっぱりどこかで〝なにくそ〟って思ってきたのかなぁ」

そして「乙武洋匡《おとたけひろただ》さんのことを、本当に尊敬しているけど、どこかで『俺は尊敬しないぞ』って踏ん張っているところもあるんだよね」と付け加えられたその方でした。

ワンコとおばあちゃん

「今で言うパニック障害だよね。東北の田舎にいて、息が詰まるような感じになって、人間関係がみんなうまくいかない。逃げるように関東に出てきちゃったんだ」

別の日、そう告白してくださったその方は、今まで一人暮らしをしながら、廃品回収業などを営んで来たことを語られました。そして〝家族〟ができたことも。

「〝ワンコ〟って名前なんだ。わかる？　猫なんだよ。お客さんから分けてもらったんだ。こいつが猫のくせに犬みたいに俺の後付いて歩くんだよ。『おいワンコ、散歩行くぞ』って言うと、シッポ振って付いてくる。こんな猫いるか？　すっかりなついちゃってね。他の人は大抵だめなんだよ。なでさせてもくれない。それがまたうれしくてね……」

ところが、その〝ワンコ〟が新たな関わりをもたらしました。

「でも、あのおばあちゃんには慣れたんだよね。ワンコからそばに行っていた。ある時、おばあちゃんが『今度ワンコを見せてくれ』っていうから連れて行ってやったのさ」

やはりお客さんの女性でした。息子さんと縁が切れていたことで、一人で生活をしておられたのです。

「おばあちゃんも素直になれない人だったんだよね。ワンコにはわかるのかな、俺と同じようになついたりして。そのおばあちゃんが、あるとき俺に『二万円貸してくれ』って言うんだよ。

迷ったけどさ。よっぽどのことだと思って貸したんだ。返ってこなかったけどね。それからほとんど毎日通って身の回りの世話をしてやったよね。近所の目は厳しくて、『若い男を……』って、俺、そんなに若くないけどさ、『連れ込んで』って、いろんな意地悪されることもあったよ。車を傷つけられたりとか。でも、おばあちゃんのことを放っておけなくなってさ」

「おばあちゃん」は、一年前に亡くなったそうです。この方が病院の関係から、役所への引き継ぎなど、全部なさったのでした。

「もしあれが今年だったら……」

と言うのです。この方自身が病気になってしまわれたのでしたし、このコロナの状況に「おばあちゃん」は耐えられなかっただろうと。だから、「人生どこでどんなふうになるか分からない。不思議だ」と言うのでした。

助けられ、支えられる

その光景を見て、羊飼いたちは、この幼子について天使が話してくれたことを人々に知らせた。聞いた者は皆、羊飼いたちの話を不思議に思った（ルカ2・17－18）。

「人々」は、救い主が、垢じみた羊飼いたちの世話になるなどとは思ってもみなかったでしょう。それで「不思議」に思ったのです。でもそれこそが、キリストがキリストであるために必要とされたことだったのではないでしょうか。普段人々の賞賛を浴びるような立場にはない羊飼いたち。その彼らによってたくさんの生活が守られている事実に、キリストは光を当てられます。「自分こそが世界の支配者である」と豪語する力が、生活者の自由を奪い、抑圧しようとする中にあって、その幼子は「だって私たちは、だれもが助けられ、支えられなければ、その人生の一歩を始めることさえできなかったではないか」と語るのです。そして支え合い、生きる人の群れに向かって「恐れるな」との神からのメッセージを届けようとしたのだったと思うのです。

人に頼れよ

コロナ禍で東北から面会に来られなかったお兄様に代わり、姪《めい》御さんが東京から訪ねてくださいました。姪御さんもいろんなことに悩んでいることを聞いたこの患者さんは、ひとしきりご自身の半生を語られた後、「もっと人に頼れよ」と諭されたそうです。素直になれなかったご自分への悔いを姪御さんに託して、この方はそのご生涯を走り終えられたのでした。

いと高きところには栄光、神にあれ、／地には平和、御心に適う人にあれ（ルカ2・14）。

天使たちはまるで、未曾有の出来事の中で、自らの小ささと格闘する私たちに向けて、「支え合い、共に生きる」ことの平和を告知しているようです。だから私たちも恐れず、クリスマスから新年の祝福を祈りたいと思います。

「皆様良いお年を。本当に良いお年を。そして、来る新しい年が、誰にとっても限りない恵みに満ちたものでありますように」と。

13　光あれ、完全たれ

礼拝を聴いて

ホスピス病棟のチャペルは、放送設備が各病室とつながっているので、礼拝の音をそれぞれの部屋でも聴いていただくことができます。ある日、スピーカーから流れた私の下手くそな歌声を耳にして、「讃美歌がきれいでした」と感想を伝えてくださった方がありました。私はちょっと恥ずかしくなりながらも、「教会にいらしたことはありますか？」とお聞きしました。

罪を帳消しにしてくださったのですから

「いいえ」と答えられたその方は、「でも」と言葉をつながれました。

「昭和二〇年の終わりだったと思います。ラジオで北海道の修道院のことを聞いて感動して、父親に『私、修道女になりたい』と言ったことがありました。そうしたら父親は目を丸くしてしまって。何しろ、九州の田舎ですから。北海道とは想像もつかない世界のことだったのでしょう」と。

「昭和二〇年というと、戦争が終わった年ですね」と私が申し上げると、「ええ」と相づちがありました。

「そのときは、女学生か何かでいらしたのですか?」と伺うと、「ええ、でも、私、そのときは体を病んでいて、学校を休んでいたんです。それで、いろいろと考えていたということがあったんだと思うんです。私、小さい頃から物思いにふけるようなところがあって、ふと、ああ、お天道様はみんなの上におんなじように照ってるんだなぁ、なんて思っていることもありました」。

「転校続きで、内気でおとなしかった」という少女時代。ぜんそくの持病に悩まされていたそうです。

「成人してからも、娘が中学に上がるくらいまでは体が弱かったですね。それなのに、私、修道院に入りたい、なんてね」

そうおっしゃってから、やおら思い出したというように、こう続けられました。

「私、『右の頬を打たれたら、左の頬も出せ』という言葉をどこかで聞いたことがあったんです。なんか嫌だなぁ、自分はそんなことしないなぁと思っていたら、あるとき、また何かの本で、その言葉の意味を解説してあるのを読んだんです。『右の頬打たれたら、そのとき、あなたの罪が帳消しにされているのだから、そのことで相手をゆるしなさい』という意味だと書いてありまし

た。それではっとしたんです。ああ、私の罪がゆるされていたんだって
私はびっくりいたしました。そんな解釈があるのでしょうか。「頬打つ者の手を通して、罪をゆるされる」なんて。何だか〝罰を与える神様〟みたいな感じで、少し恐ろしい解釈であるような気もしました。しかし、この方のまっすぐなお姿にお応えするには、簡単に聞き流すことのできない言葉です。心の中で、その意味はどう受け止めることができるだろうかと、幾重にも思いを巡らせてみました。そしてそのとき、「お天道様が、みんなの上に同じように照っているんだ」とおっしゃっていたことと、この方の姿が重なってきました。

お天道様はみんなの上に

この方はおっしゃったのでした。「お天道様は、みんなの上に」と。この方はぜんそくを患い、ずっとお部屋におられたのです。昭和二〇年。級友のお仲間たちは何をされていたのでしょう。学校に通っていたのでしょうか。授業はあったのでしょうか。そんな時代ですから、多くの生徒たちは、勤労奉仕にかり出されていたのではなかったでしょうか。みんなは「お国のため」といって働きに出ています。兵隊さんたちは戦地で命を懸けて戦っており、母親たちは銃後の守りと身を削って生きています。その中で、ご自分は体が弱くて、家に閉じこもっておられたわけです。そして「お天道様」の不思議に思いを巡らしておられたのでした。「みんなにも私にも同じよう

に照っているんだ」と。

敵か味方か。国の宝か非国民か。その息苦しさの中で、「お天道様」のぬくもりに思いを馳せることは、この方の希望だったことでしょう。それで「罪ゆるされた者として、頬打つ人の罪をも愛したもう」との解釈に合点されたのかもしれないと思うと、私は胸を突かれたような気がしました。この世の善と悪とを見極めることは、神の正義を実現するために大切なことです。だけれども同時に、「頬打たれているこの私は、神の前で一点の恥じるところもないのか」と自らに問うのです。

まず自分の目から丸太を取り除け（マタイ7・5）。

真の和解の道を歩むために、イエスの言葉を思い出すことが求められているような気持ちになりました。

ここにも光が注がれて

キリストは語られたのでした。

あなたがたも聞いているとおり、「隣人を愛し、敵を憎め」と命じられている。しかし、わたしは言っておく。敵を愛し、自分を迫害する者のために祈りなさい。あなたがたの天の父の子となるためである。父は悪人にも善人にも太陽を昇らせ、正しい者にも正しくない者にも雨を降らせてくださるからである（マタイ5・43－45）。

「太陽」に「雨」。その自然現象には、天地創造が思い起こされます。

神は二つの大きな光る物と星を造〔られた〕（創世記1・16）。

『創世記』は、バビロン捕囚のさなかにまとめられた書物です。戦に敗れ、遠くバビロンへと連れ去られた人々は、悲しみと怨嗟《えんさ》の中で、しかしその異国の地にも太陽の光と雨とが降り注ぐ事実に改めて気づいたのではないでしょうか。また、だからこそ、バビロンを育んだ「チグリス・ユーフラテス」のそばに、「エデンの園」を描いたのでしょう。そしてバビロンにまで及ぶ神の恵みを知ったとき、自分たちが国を失うにいたった原因は、自分たちが神を思わず、力を求め、小さき者を顧みなかったことにあったと恥じたのでした。イスラエルは、「自分たちは正しくなかった」と認めることから、新しい信仰への希望を語り始めました。

だから、あなたがたの天の父が完全であられるように、あなたがたも完全な者となりなさい（マタイ5・48）。

イエスのその言葉は、罪ある人間に、「自分たちの努力で神のお眼鏡にかなう者となれ」と命じるようなものではありません。「あなたたちは情けないまでに正義のうちを生きることができなかった。しかし、なおも私はあなたたちを完全に愛している。あなたたちの命が損なわれないように、十分な恵みを与えている。そのままで私の前に出よ。私があなたたちを私との関係において完全な者としよう」――そういう神の宣言であったのだと思うのです。

「ああ、もういただいています！」

その患者さんとの別れ際、私は祈りをささげました。

「神様、私たちは弱い者です。どうか支えてください、必要なものを与えてください」

そう祈っていたところ、この方は口を挿み言われました。

「ああ、もういただいています！　今が一番幸せです。残されている時間がどれくらいか分かりませんが、その時間が神様のために使われたらと願っています」

これ以上ない信仰告白だと感じました。お部屋を再訪したとき、私はこの方に、小さな新約聖書と、マタイ5章38－48節を拡大コピーしたものとを差し上げました。後日この方はそれをお孫さんたちに渡して、それがご自分の大切に思ってきた言葉だと説明してくださったそうです。

神は天地創造の昔から、私たちに語りかけておられます。「光あれ」と。それは、暗闇しか知らない私たちを、それでもゆるし、恵みを与え、完全に愛してくださるための創造主の言葉だったことでしょう。そのことに感謝をささげ、互いにゆるし合う希望に与っていく者でありたいと願わされます。

14　語り続けるいのち

卒業式、お母様に抱かれて

二〇二〇年三月二日、私の住む町にあるキリスト教主義学校で、高等学校の卒業式が行われました。それは折からの新型コロナウイルス感染症流行のために、全国の学校にも臨時休校が呼びかけられた初日でした。生徒たちは授業がなくなり、学び舎にその姿が見られなくなりました。例年なら、卒業礼拝は、卒業生、在校生のほか、教職員、保護者、来賓でチャペルが埋め尽くされるはずです。ところがその日は、卒業生と一部の教職員だけで守られることになったのでした。

しかしそれでも、その会場に、たった一人だけ、ある生徒のお母様の姿があったそうです。その前年の六月、私の勤める病院のホスピスで、骨肉腫のために一七歳で亡くなったS君のお母様です。胸にしっかり遺影を抱いてのご出席でした。

一七歳の旅立ち

あの日の夕方を思い出します。私が病棟の廊下を歩いていると、扉の閉められた部屋から、突然大きな、全身を振り絞ったような泣き声が上がり、廊下に響き渡りました。「ああ、S君が亡くなったのだ」と、私はすぐにわかりました。すぐにでもお母様のそばに行って差し上げたい気もしましたが、それよりも、お母様の悲しみがぐっと迫ってきて、せめてしばらくは、お二人だけにして差し上げたいという気持ちになりました。いや、ほんとうは、あまりの悲しみの場面から逃げたいと思ったのかもしれません。S君は、その日の昼過ぎに再入院してきたばかりでした。以前に二週間くらい入院し、一度退院して自宅にいたのです。お母様も看護師でいらしたので、せめてものことを息子さんのために家でしてあげたいと考えられたのでしょう。でも、最後に高熱が出て激しい吐き気にも悩まされ、S君本人が病院に戻ることを望んだのだそうです。

その日、私はまだ彼に会っていませんでした。以前の入院の時には、S君のそばに、いつもかわいらしい同級生の女の子がいて美しい青春の光景を描いているものですから、それに遠慮してしまって、S君本人と会話することがあまりなかったという気後れも私の中にはあったのです。

でも、その夕方の旅立ちでした。

「もういいだろうか。少し落ち着かれただろうか」

泣き声から三〇分くらいしてだったでしょうか、そんな思いになって、病室の扉をノックしました。お部屋にはお母様が座って、じっとS君を眺めておられました。私は「祈ってもいいでしょうか」と許しを求めました。「ええ、ぜひ」と言ってくださったとき、私の方がほっとしたような気持ちにさえなったものでした。

周りを穏やかにしてくれる人

S君が亡くなってしばらくしてから、お母様から電話がありました。話を聴いてほしいと言うのです。おいでになっていただいて、面談しました。お母様は、臨終の時の私の祈りに感謝してくださった後、「教会に行ってみようかとも考えている」と言われました。私はこの方の悲しみを見ていて、まだ教会で新しい出会いを始めるのは早いのではないかという気がしました。

「もしよかったら、しばらくはこのホスピスの礼拝においでになりませんか」

とお勧めしました。そしておいでになるたびに、礼拝後、三〇分か一時間、S君についてのいろんな思い出を語ってお帰りくださるようになったのでした。

がんを告知された時、S君は、「病気になったのがお母さんじゃなくて良かった。お母さんだったら耐えられないと思うよ」と言ったそうです。周りがいらだったり、感情を乱したりすることのあるような場面でも、たいてい冷静で、とぼけたようなところさえあるので、クラスメートからは「S君はくまのプーさんみたいだ」と言われていたそうです。彼がその場にいるだけで、人は穏やかになれました。

病気をしてからなぜか「猫を飼いたい」と必死に願ったのだそうです。その猫が、彼の亡くなった後には、その居場所であったソファに座るようになりました。お母様を見守ってくれているようでした。彼のいのちの置き土産であったかもしれません。

あの女の子とは、最初の入院の後で交際が始まったのだそうです。その彼女が、彼の亡くなった後、何度かお母様を訪ねては一緒に食事をしてくれたそうです。彼女を通して、彼がどれほどクラスで愛された存在であったかをお母様は知りました。彼もまた学校が大好きでした。闘病生活のさなかも文化祭には先頭で力を発揮しました。だからこそ、三年生を迎えるときに退学しなければならなくなったことはとても悔しいことでした。

卒業式があった日、お母様からＬＩＮＥで連絡がありました。卒業式に招待され、行ってきたという報告です。卒業アルバムに、それぞれの子どもの頃の写真を載せる企画があって、そこに彼の写真も載せたいという話から始まり、卒業式へのお母様の招待ということになったのだそうです。お母様は、「辛い一日になるだろうなって思っていた一日が、とっても温かで幸せな一日になりました」とＬＩＮＥメッセージに書いてくださいました。その様子が、地元タウン誌と神奈川新聞にも掲載されました。記事によると、校長先生の式辞の中で、「皆さん、彼に生きる力を与えてくれてありがとう」とのお母様の言葉が紹介されたそうです。彼自身もまた、「いつも笑顔でいたい。周りの人たちの笑顔を見るのがうれしい」と口にする青年でした。

見えないものでつながれて

S君は亡くなりました。そして見えなくなりました。しかし、肉眼では見えなくなったことで、かえって与えられていた絆が強められ、また新たなつながりも築かれていったことを感じます。『ヘブライ人への手紙』の著者はこう記していました。

信仰とは、望んでいる事柄を確信し、見えない事実を確認することです（ヘブライ11・1）。

「確信」という言葉は「本質」とも「保証」とも訳されますが、「根底で下支えすべく、土台となるもの」を表す単語です。東方神学で「父・子・聖霊」の三位格を表すようになった言葉でもあります。「見えないこと」が人と人、神と人を結ぶ土台となると言うのでしょう。そしてそのことを感じられるようになったとき、そこに真実の、最も確かな希望が沸いてくると言うのです。

この手紙の著者は、すでにこの世を去ったあまたの先人たちに思いを向けつつ、その一人に注目してこうも記します。

アベルは死にましたが、信仰によってまだ語っています（同4節）。

「彼はまだ語っている」と言うのです。そしてそう信じられるから、神の与える保証が自分の土台となり、彼の去った後の時代を今生きていることにも、意味と希望を見いだせると言うのでしょう。去ったもののいのちと、私のいのちとが神にあって結ばれるのです。

今あるものに感謝して

新型コロナウイルスは、人と人とのつながりを破壊する力を持っていました。しかしこの卒業式の中で、同席することのできなかったたくさんの人に代えて、最も雄弁に、生きることと存在することの力強さを印象づけていたのは、S君自身だったのではないかと思うのです。卒業された生徒さんたちは、きっとだれもS君のことを忘れることがないでしょう。つながることのよろこびを、彼らは学んだからです。

人には、死してなお、そのなすべき務めがあるのかもしれません。もしそうなら、その死者にその務めをなさしめるものは、残され、生かされている者たちの、愛に満ちたつながりだということなのではないかと思います。

「今あるもの、できる事を見て、考えて、使う」――S君の信念でした。

15　鎧を脱いで

御影石の中の名前

鎌倉の鶴岡八幡宮から横浜市金沢方面へ東に進むと朝比奈峠に至ります。遠く富士山を仰ぐその丘にあるのは、川端康成などの著名人も眠る鎌倉霊園。ここには見慣れた仏式の墓碑に交じって、十字架や聖書の言葉を刻んだ、たくさんの教会やキリスト者の墓が散見されます。

その広々とした園内の一角に、特養「衣笠ホーム」のお墓もあります。初代ホーム長・宮地利彦医師が、「自分は死んだ後も、この人たちと一緒にいたい」との思いを込めて私費で献じられた墓地です。果たせるかな、在職中に亡くなった先生ご本人、次に先生の奥様が埋葬されたのに続き、現在までに四〇名ほどの方の骨が、この墓地に納められることとなりました。

毎年、復活祭の頃に、墓前で礼拝を献げます。風に桜の散るのを感じながら祈ることもあります。すると私にはいつも、あるお一人の方のお名前が、御影石から心に迫ってきます。私が初めて、このお墓で埋葬式を営んだ方のお名前です。

詮索するような目

一〇年くらい前だったでしょうか。ホームのスタッフから、この男性の部屋を訪ねて欲しいと依頼がありました。男性は七〇代の前半。「部屋に行くたび文句ばかり言われるから困っている」というのでした。

「ベッドの角度が悪い。車椅子への移乗のさせ方が下手くそだ。食事の介助を右からする――俺は左利きなんだよ。今までずっと左から食べてきた。そんなこともわからないのか」

いつもぶつぶつ言われて、スタッフは精神的に参っているというのです。

依頼されて部屋に行くというのは、なかなか厄介です。普段、私は順番にお部屋を訪ねて行って、いろんな話をしながら私の立場での関係を作っていきます。でも、その方をお訪ねしたことはまだ一度もありません。もし、一度も会ったことのない「牧師」などというのが急にやって来ればどうでしょう。男性にとってみれば、「どうせ奴らに言われて来たんだろう」ということになるかもしれません。気が重くなりました。

でもそのとき、私は「何とかしなければならない」と思ったのでした。そして部屋に行き、扉をノックし、「牧師ですが、ちょっといいですか」などと言って、話を始めたのだろうと思います。

ひと言ふた言、話し始めたときでしょうか。この方が口を開きました。

「失礼だが、あなた、怖い目をしているね。人を詮索するような目だ」

私はその時、間違いなく「詮索するような目」をしていたのだろうと思います。だけれども私はそう指摘されて、ものすごく震え上がってしまったのでした。なんだか自分の軽さを見透かされたような気持ちになったのです。それでその時、「そうですか？　ちょっと疲れていたのでしょうか」などと場をごまかし、差し障りのない会話を少ししただけで、這々《ほうほう》の体で部屋を退散してきてしまいました。

取り繕うだけではむなしい

その帰り道、私はなぜ自分が「ごめんなさい」と言えなかったのだろうかと考えていました。ひょっとしたら、「お察しの通り、言われて来たのです」と言ってしまえば良かったかも知れません。「ごめんなさい、そんな目をしていましたか？」と聞き返しても良かったかも知れません。そうしたら、もっとこの方は、ご自分の考えや気持ちを自由にお話しになれたかも知れないのです。それなのに、私は、自分の体面を保とうとしたのか、ごまかしてしまったわけです。そして、大切なことを語れなかったのではないかと思うと、自分に腹が立ちました。

それから二、三回は、この方のお部屋を訪ねたように思います。この方は、私を信頼したというのではないけれども、すべての状況を察しながら、駆け出しのチャプレンに付き合ってくださったのでしょう。ポツポツと、ご自分の歩んできた人生についてお語りくださいました。

銀行員としてバリバリに仕事をしていた時代のこと。労働組合の議長として活躍し、後輩の信頼が篤かったこと。料理が好きだったこと。脳梗塞とパーキンソン病を患って、仕事を制限しなければならなくなったこと。熟年で離婚されたこと。娘さんが、母親の方をより慕っているようなそぶりであること。そして、体が思うように動かないこと——さまざまに語りながら、時には、ネクタイ姿でデスクに向かう昔の写真を見せてくださったりしたのでした。

「患者さんたちは入院すると、鎧《よろい》を脱ぐように病衣に着替え、市井の生活者であったことを捨て、ただの患者になることを求められてしまいます」

そんなことを、日本のホスピス運動の第一人者である柏木哲夫先生がよくおっしゃっていることに思いを重ねます。一方には、鎧を引き剥がされていくことの怒りと悲しみに暮れていた方がおられました。それなのに、一方では、むしろ鎧をガシガシに着込んで、これでもかと武装して、「扱いやすい入居者にしなければ」と迫っていく私がいたのでした。

「この人を変えてやらねば」と思うほど不遜なことはありません。しかし、あの時の私はそうしようとして失敗したのでした。取り繕っただけだったのでした。そしてだからこそ、この方は私に求められたのでしょう。「自分と同じように、鎧を脱ぐことを試みて欲しい」と。

手ぬぐいだけになって

イエスは、ご自分が十字架に掛けられる時が来たことを悟り、「世にいる弟子たちを愛して、この上なく愛し抜かれた」（ヨハネ13・1）と言います。新共同訳聖書が「この上なく」と訳している言葉は、「終わりまで」と訳してもよい表現です。ご自身の死にあっても、また復活にあっても、そして世の終わり、再臨の時に至るまで、キリストは弟子たちの弱さを愛されるということでしょう。そしてそのしるしが、晩餐直後の洗足に結びました。

イエスは、父がすべてを御自分の手にゆだねられたこと、また、御自分が神のもとから来て、神のもとに帰ろうとしていることを悟り、食事の席から立ち上がって上着を脱ぎ、手ぬぐいを取って腰にまとわれた。それから、たらいに水をくんで弟子たちの足を洗い、腰にまとった手ぬぐいでふき始められた（同３－５節）。

大地に最も近づくようにひざまずかれ、イエスは奴隷たちがするように、弟子たちの足を洗われました。そしてその時、イエスは「上着を脱ぎ」、「手ぬぐいを取」られたというのです。ヨハネ福音書の10章でイエスは、「わたしは……羊のために命を捨てる」（11節）と語り、続けて「わたしは命を、再び受けるために、捨てる」（17節）と告げます。実は、この「捨てる」が

「上着を脱ぎ」の「脱ぐ」であり、「再び受ける」の「受ける」が「手ぬぐいを取って」の「取る」と同じ単語です。

たった一本、手ぬぐいだけをまとわれたイエス。ペトロたちの足をぬぐうためだけに上着を脱ぎ捨てられた神。それが、イエスの受難と復活の意味であったと、福音書記者は書いたのでした。そして教会はそれ以来、他者を愛しケアするとき、〝手ぬぐいだけのキリスト〟に従うことを教え続けてきたのだったと思うのです。

解き放たれる瞬間に

私は今も、その方に問われているような気がします。

「お前さんは、まだ人を詮索するような目で見ることはあるかい？　それとも少しは成長したかい？」

鎧を脱ぐことへの恐れは、ずっと私の中にあり続けるかも知れません。でも一方で、患者さんや出会う人たちが、私の鎧を解いてくれる瞬間があります。私にとっては、墓前礼拝もその瞬間の一つです。そしてそれは、そんな私をもキリストが「この上なく愛し抜いて」くださると感じる瞬間でもあるのです。

16　嵐のあとの時のために

さみしくはないんだ。さみしいんだ

隣に腰掛けると、私の手をそっと握った後、今度は反対の手で私の腕をさすりはじめられた方がありました。その前の週に、特養老人ホームに入られたばかりの方でした。じっとお顔を見つめていると、その方はこうつぶやかれました。

「さみしくはないんだ」

この方は、私が何者であるのかということはご存じないはずです。でも、そう言いながら、私の左腕をひたすらさすり続けているのです。そしてやがて再び口を開かれました。

「さみしいんだ……」

どちらなのでしょうね。いやきっと、どちらでもあるのでしょう。「さみしくない」と思わなければ今を過ごすことはできない、でも、「さみしい」。ひょっとしたら、今、隣に人が腰掛けたことで、ようやく「さみしくないと言わなければならないさみしさ」を訴えられたのかもしれません。

会話は続きません。でも私はなでられるままに任せていた中で、だんだんとこの方の温もりを感じ、私の方が心満たされていくのを感じていました。年の差はずいぶんとありますけれども、その方とおんなじ、ひとつのいのちを生きているのだと、その確認の共同作業をしているような感じがしたのでした。

二時間の怒り

何をしているわけでもないのですが、緊張が安らぎへと変えられていくような時があります。混乱や孤独を、誰かが同じ空間で感じてくれた時であるかもしれません。

これも、老人ホームの方とご一緒した時のことでした。病状が安定されていたことで、ホスピスからこちらに移られたばかりの方でした。

この方は、その時、猛烈に腹を立てておられました。「だまされた」と言うのです。ご自身に認知症の自覚はありません。「ここは『ちょっと見に行くだけだから』と連れられて来たのに、息子は自分を置いて帰ってしまった」というわけです。

「この冷蔵庫は何だ、私のものじゃない。どこかで買って来たんだろう。こんなものまで準備しておいて、これは計画的じゃないか。嘘ついて、だまして、こんな裏切りはない。私を家に帰して欲しい。今、あなた、ここで息子に電話しなさい！」

私に対しても相当な剣幕です。

「もう死んでやる！　ＪＲに飛び込む！　息子たちは莫大な借金を背負い込むことになって、その時後悔したって遅いんだから！」

と言うのでした。

すると、そのままベランダ窓を背にして、床に座り込んでしまわれたので、私も板の間にあぐらになりました。その方は、ご自身の半生を振り返りながら、思いの丈をぶつけられました。息子さんたちが高校生の頃、ご主人が女性と出て行ってしまわれたこと。それから必死の思いで三人の子どもを育てられたこと。働きに働いたこと。人のために一生懸命に生きられたこと……。

「悔しいですね」

私はたった一言だけ、そう申し上げました。繰り返される怒りの言葉は二時間ばかり続いたでしょうか。この行方はいったいどうなることかとやきもきしながら時を過ごしました。ところが終わりはあっけないものとなりました。部屋の外から昼食の時を告げる声が聞こえたのです。

「ああ、もうお昼か。今日は来てくれてありがとう」

とその方はおっしゃり、私に握手の手を差し出されました。私は手を握り、

「お会いできてよかったです」

と返答しました。すると何事もなかったかのように、その方はそのまま食堂へと出て行かれたのでした。

「黙れ。静まれ」

大嵐が心の中を吹き荒れるときには、ただ黙ってそばにいる人が必要なのではないかと思うのです。ただそこにいて、しかも逃げない人です。

イエスと弟子たちが、ガリラヤ湖の嵐を経験したことがありました。ガリラヤ湖は典型的なカルデラ湖。周囲の火山帯に囲まれた地溝です。東西を吹く風が変則的突風をもたらすことがあります。マルコ福音書に出てくる「突風」（マルコ４・37）という単語は、「スコール」と訳されることもあり、突発的で短時間に過ぎ去っていく嵐を表す言葉でした。

ある日の夕方に舟を漕ぎ出した一行は、この嵐に遭遇して動転しました。たとえそれが一過性の嵐であったとしても、その渦中にいる人たちは、その舟が転覆し、「おぼれて」しまう危険におびえています。岸を離れるべきでなかったという後悔が、そのまま自棄に移る葛藤を覚えていたかもしれません。

ところが、彼らの師は船尾で眠っていたというのでした。彼らは当然のようにイエスをたたき起こし、食ってかかります。すると、やおらキリストは起き上がり、風を叱り、湖に、

「黙れ。静まれ」（同4・39）
と命じられました。それは、ご自身が今まで味わっておられた平安を、風や湖とさえ分かち合おうとされたようであったかもしれません。

嵐の向こうにあるもの

弟子たちは、その舟出が、「向こう岸に渡ろう」との師の言葉に促されてのものであったことを忘れていたのではないでしょうか。福音書によるなら、彼らはこれから「汚れた霊に取りつかれた人」（マルコ5・2）に出会うのです。彼らは向こう岸でイエスによるいやしを目の当たりにし、悪霊たちが豚の体を借りて湖に「おぼれ死んだ」のを見届け、今度は静かな湖面を渡り、再び岸のこちらへと戻ってくることになります。苦しみに翻弄されて生きる人々は、湖の両岸にたくさんいるからです。

嵐の中、「わたしたちがおぼれてもかまわないのか」とイエスを難じたとき、弟子たちが言う「わたしたち」の中に、両岸の、これら人生に苦しむ人々は含まれていたでしょうか。弟子たちは、多くの人々のいのちと、今、湖上でおぼれそうになっている自分たちを同じ地平で受けとめ、神に道行きを委ねるべきでした。キリストがそのために一緒にいてくださることを忘れてはならないのです。

ひょっとするとキリストは、弟子たちにとって、嵐の中、「助けてください。おぼれそうです」（マタイ8・25）と叫ぶ体験が、これからの彼らのために不可欠だと考えられていたのではないかとも思います。「困っている人を助ける」と言う時、そこには傲慢が入り込む余地があります。自分たちだけ安全な立場から合理的な解決策を講じたことに満足してしまって、心が置き去りになってしまうこともあります。だからこそ、苦しみに寄り添うためには、自分もまた、誰かに助けてもらわなければならない人間の一人であることを自覚している必要があるでしょう。そしてなにもできない弱さともどかしさを分かち合いながら、神が見据えておられる「嵐のあと」のために、今は一緒に居続けるのです。その向こうに、本当の平安が待っているかもしれないからです。

今を一緒にいる

「死んでやる！」と叫ばれた女性。後日、この方を再びお訪ねして、またやるせない思いを伺っていました。するとそこへ当の息子さんが来られたのです。お母様が好きな助六寿司を持参されてでした。

「悪いねぇ。忙しいんだろ？」

お母様は満面の笑顔でした。

言えない、のかもしれません。でも息子さんを気遣われるのも本心でしょう。親子は、嵐を真ん中にして、ほんとうは深く結ばれていたのだろうと思います。

私たちは、やるせなさを誰かと分かち合わなければなりません。どうしようもない人間の一人として、「助けてください」と言わなければならないのです。そしてだからこそ、この舟の中、一緒にいてくださる神がいるのでした。この方に伴われて、私たちも誰かと居続けたいと思います。嵐が、きっといつか過ぎ去ることを信じてです。

17　悲しみの中でゆるされて

もう一度つながる

「会うは別れのはじめ」の俚諺《りげん》のままに、私たちの一生にはいくつもの別れが伴います。そんな中でも、殊《こと》に深く関わり、愛し、生活を共にした人との別れというのは、その後の私たちの営みを大きく制してしまうことがあるだろうと思います。そのような大きな悲しみのうちにある人に寄り添い支えるのが、「グリーフケア」と呼ばれる営みです。

死別などの悲嘆を和らげるには、いくつも方法があると思います。ある人は意識的に亡き人を思い出すことを封印し、新しいことを始めようとするでしょう。またある人は、わざと日常を忙しくして時を稼ぐかもしれません。そのような中で、近年グリーフケアの臨床で注目されているのは、「リ・メンバリング」re-memberingという故人への向き合い方でしょう。

「リメンバー」という英語の動詞は、「思い出す」とか「記憶する」という意味ですが、ここではあえて〝リ〟と〝メンバー〟の間に〝・〟を入れます。〝再び〟〝メンバーに〟というわけで、死別の現実を超えて、その人との関係性を再認識することを目指すのです。実際的には、自由に思い出を語ったり、今抱えている課題を故人の目を通して考え直したりすることで、これからも遺された人の生涯が、故人との対話の中で意味を持ちうるように整えていきます。そしてさらには、故人との関係性理解の中に、今までは意識していなかった第三者も引き入れることで、故人を中心とした会員制クラブのようなつながりを拡げていくのです。これは、死別した人への愛着を断ち切るのとは反対のケアということになるかもしれません。死によっては分かたれることのない確かな絆へと、関わりを深めていくのです。

一三年経っての報告

その方は、「一三年ぶりにこの場所へ足を運びました」と言って、ご自身の語りを始められました。

ホスピスの遺族会は、毎年六月に、全体の集まりを持っています。病院近くの桜の名所にちなんで、「さくらの会」と名付けられた会です。この会には、何年経って参加しても良いのです。ホスピスができて二〇年以上になりますが、その初めの頃に大切な方を亡くされた方が、続けてお世話役をしてくださったりしています。お連れ合いを亡くされた方、お父様を亡くされた方、妹さんを亡くされた方……皆、背景はバラバラです。ただ、「この場所から、一人ひとりの〝その人〟が旅立っていった」ということだけでつながり、ホスピスに集まり、思いを結んでいきます。

一三年前にご伴侶を亡くされたというその男性は、初めてこの「さくらの会」に参加され、口を開かれたのでした。

「今日は、一つの報告をしに来ました。一三年経って、ようやく妻の作ったお猪口で一杯やれたんです。そのことを皆さんにお知らせしたくて、ここに出てきました」

その語り出しに、私自身心を引きつけられましたし、またそこにいる誰もが一三年という年月の重みを共有したことを感じていました。

「妻は生前、陶芸を趣味にしていました。それで、その徳利とお猪口を作ったんです。満月の前を雁が渡っていく絵が付けられているやつです。で、感想を尋ねられたんですね。『こんなのができたんだけど』って。私はあんまり気がないままに、ちょっと形をけなしてしまったんです。そしたら、そそくさと片付けられてしまってですね。二度と出てくることはありませんでした」

きっと、奥様にとって自信作だったのでしょうね。その時を振り返るご主人は悲しそうでした。

「先日、空に大きな月が出たんです。それで思い出しました。探して、見つけ出しました。改めて見ると、ちょっといびつだけど、なんともいい味わいなんですよ。さっそく縁側に腰掛けましてね。月に向かって献杯して、一献やったというわけです」

時を重ねて

そこに居合わせた人たちは、涙を浮かべながらこの話を聞いていました。

「けなしてしまったこと、妻はゆるしてくれたかな」

と男性は付け加えられました。出席していた人たちは、そこに秘められた切ない思いを分かち合いました。その悲しみの輪に加わることで、一献傾けられたこの方の喜びを、皆で味わうことができたようにも思います。

人には、今は理解できないというようなことがたくさんあります。時を重ねなければ、その悲しみに意味を見出せないのです。しかし十分にその時が与えられたとき、断絶していた絆を取り戻し、いっそうかけがえのない関係を取り結ぶことができるようなことがあるのでしょう。その時に、その関係を一緒に喜んでくれる人がいたなら、とても幸せなことです。悲しみを知る人は、それぞれの物語は違っても、その亡くなったいのちを真ん中にして温かな思いを通わせられます。今悲しむ人は、いつかそんな交わりが与えられることを信じて、今はそっとその悲しみを抱き続け、その時が来るのを待っていれば良いのかも知れません。

神が蒔いた種

イエスは、「種蒔く人のたとえ」を語られたことがありました（マタイ13・1以下ほか）。「種を蒔いた人の種が、道端や石地や、茨の中に落ちた。それらは生育しなかった。けれど良い土地に落ちた種は、一〇〇倍もの実りをもたらした」というたとえ話です。

この話を聴くとき、私たちは、「自分は一体どこに落ちた種だろうか」と心配になります。またきちんと神の言葉につながって生きていかなければと少々焦りもします。しかし、六歳のふうこちゃんは、教会で神様に手紙を書いたとき、こんなふうに記したというのです。

きょうかいで
たねまきの　おはなしを　きいたの。
たねが　むだに　ならないように
かみさまの　おはなしを
よく　ききましょうって　いったけど、
ふうこは　あの　たねたちは
むだに　ならないって　おもう。
だって、

みちに　おちた　たねは　とりさんが　たべたし、
いしのうえや　いばらのなかに　おちた　たねは
めをだして　ひょろひょろでも
むしさんが　たべたと　おもうよ。
だから　だいじょうぶ、
たねは　むだになんか　ならない。
（横田幸子編著『かみさま　おてがみ　よんでね』コイノニア社）

むしろ私たちは、どこに落ちた種も、等しく神が蒔かれた種であることに、もっと心を留めておいた方が良いのかもしれません。そしてそうなら、少女が言うように、どの種も「むだになんかならない」はずです。そしてどれほど人の目には無駄に見える種も、いつか「一〇〇倍の実り」と関係づけられる時が来ることを信じて良いのでしょう。あの時上手く言えなかったことも、あの時がっかりさせてしまったことも、やがては語り直される時が来る――神の目から見るなら、そのゆるしは、もっともっと大きな有機的つながりの中で語られるべきだろうと思ったりするからです。

つながりの中で自分をゆるす

あれから、その方とお会いしたことはありません。果たしてその方は、その後その徳利とお猪口を使っておられるでしょうか。もし、またそれを片付けてしまっていたとしても、それは、そこから目を背けているからではありません。むしろ大切に思われるようになったからです。でもやっぱり私は、その方がそれをときどき使ってくださっているといいなと思ったりします。ご伴侶がいつもそばにいてくれるようにです。

雁の渡る月夜を仰ぐとき、私はこの方のことを思います。私も一人ではありません。こうして悲しみの体験を分かち合えるなら、私たち誰もが、自分がこの世を生きていることを、少しだけ自分にゆるしてあげられるようになっていくのではないかと思うのです。

18　別れの向こうを見つめて

「苦しみ」と「悲しみ」

精神科医で文筆家であった神谷美恵子は、その主著『生きがいについて』の中で、「苦しみ」と「悲しみ」を区別し、こう書きます。

苦しみにおいては何かしら動いているものがある。これに反し、悲しみの世界では、もはやひとは抵抗することもやめ、あがきからも身を引いている。（中略）ゆえに深い悲しみにおそわれたひとは、何をすることも考えることもできなくなってしまう。苦しみはまだ生命へのあがきといえるが、悲しみは生命の流れそのものがとどこおり始めたことを意味する（神谷美恵子『生きがいについて』神谷美恵子コレクション、みすず書房、二〇〇四年、132頁）。

本当に深い悲しみに満たされたとき、人は何が苦しいのかさえ考えられなくなってしまうのかもしれません。そして、見ている世界から色が失われ、抵抗することも、あがくこともできず、静かにそこに立ち尽くすことしかできなくなってしまうのでしょう。そして、そのようなものこそが「悲しみの世界」だと神谷は言うのです。

しかし、だとするならば反対に、誰かがそのような「悲しみ」を一緒になって引き受けてくれたとするならば、私たちには安心して「苦しみ」の世界に帰っていくことができるようなときも与えられるのではないでしょうか。世界に色が戻り、だからこそ自分の中に眠っていた怒りや慟哭、困惑や不安を語り出すことができるときです。私たちの心が、もう一度生きる「苦しみ」に向かって動き出すのです。そしてそれは、「助けて！」と叫び、今まで自分がどれほど孤独であったかに、目を向け直すときともなるでしょう。

ひと月経って

その女性が私の所を訪ねてきてくださったのは、ご主人を亡くされてひと月経ったときのことでした。

ご主人がホスピスに入院されていたのは、たった四日間。その間に、私はこの方のお部屋を二度だけ訪問していました。一度は、この奥様がご一緒されているときでした。ただ悲痛な面持ちでご主人に寄り添い、その顔を見つめておられ、私の方には一瞥も視線をくださらなかったのを覚えています。その日、私は自分の訪問記録に「welcome の様子なし」と記しました。

だから、その方が私を訪ねてきてくださったとき、とても驚いたのです。訊けば、ご主人を亡くして悲しみに暮れていたとき、キリスト者の知人の方が、「病院にチャプレンがいたのではないか、相談してみたらどうだろうか」と勧めてくださったというのでした。ボランティアさんに案内されて私の部屋までお出でくださったこの方は、緊張されながらも「遺族もホスピスの礼拝に出て良いでしょうか」と、質問を始められました。

「私たちは無宗教だったので、特にお寺とのつながりもありません。だから葬儀も〝お別れ会〟ということで済ませてしまったのですが、そうすると、法事も何もないのですね。当たり前ですけれど。でもそれで、これからどうやって気持ちを持っていったらよいのかと悩んでしまって……」

そのような中で、「故人を追悼するために、せめてホスピスの礼拝に来てもよいか」と尋ねられたというわけでした。

ひとりで決めなければならなかったから

私は、この方のご主人がどんな方であったのかから、お話を伺わなければなりませんでした。

奥様は、ご主人の大腸がんについて、手術から五年の区切りが経ったこともあり、再発を疑っていなかったこと、しかしご本人は思考がまとまらなかったり、得意だった計算ができなくなったりしだしたことを感じて、「年齢か」と、営む会社を畳むことにしたこと、そして落ち着いたところで病院を受診したときには、再発と脳転移が分かり、あれよ、あれよという間に病は進んで、三カ月での旅立ちとなってしまわれたことなどを語られました。

「高熱が出て痙攣を起こしたので救急車で運ばれたのですが、それからはもう、その後のことについて本人と相談できる状態ですらなくなってしまったんです……」

奥様は、そうして、治療方針のこと、最期のこと、お別れ会のこと、関係する方々への連絡の仕方など、ぜんぶひとりきりで決めなくてはならなくなったというのです。

「広島にいる息子が最期は帰ってきてくれました。普段忙しくてなかなか戻れない息子なのですが、容態を聞いて駆けつけてくれたんです。おかげさまで間に合いはしました。でも反対に、息子の顔を見て安心したことで旅立ってしまったのではないかとも思ったりして……。本人まだ六五歳。私たちは若いときに結婚したものですから、子どもたちも安定し、将来に心配はありません。これからいろんな所に夫婦で出かけられるかなと考えていた矢先でした」

この三カ月、ずっとひとりぼっちでいらしたのでしょう。そしてどんどん変化する現実から置いてけぼりにされているように感じられていたのでしょう。「入院中、ミッションスクール出身の主人が『ここの礼拝に出たい』とも言っていたのですが、日曜日に亡くなってしまって。礼拝は火曜日だったのですよね」と奥様が語られたとき、私の心も本当に淋しく申し訳ないような思いに満たされていました。

「間に合わなかったこと」と、「これから始まること」

人が生きる営みには、私たちではどうすることもできない「間に合わなかったこと」がまとわりつき、後悔にさいなまれることがあるでしょう。その悔いを乗り越えていくためには、一緒に悔い、泣いてくれる人が必要です。

イエスも愛する友の死に間に合わなかったことがありました。ラザロが死んで四日も経って、ようやく彼はその姉妹たちのところに到着したというのです（ヨハネ福音書11章）。しかし姉妹二人してイエスを同じ言葉で責め立てた（21節、32節）とき、彼はマルタには言葉を与え、マリアには涙を露わにされます。それは「お前たちと悲しみを分かち合うために、ここに来たのだ」という彼の思いを伝えることになったでしょう。

わたしは復活であり、命である。わたしを信じる者は、死んでも生きる（同25節）。

悲しみの現場に現れたキリストは、そこで「私は命ある者としてお前たちと一緒にいる。お前たちが私を、同じ悲しみを分かち合う者と認めてくれるなら、この交わりの中にラザロは生きている。彼は失われてよい命ではない。私は彼のために涙を流す」と言ったのでしょう。そして「彼がいなければ私は苦しむ」との思いが、キリストとそこに居合わせた人とを結び、彼らの間にラザロが復活することとなったのではないかと思うのです。「とどこおって」しまった「生命の流れ」が、共鳴し、もう一度動き出したことの現れです。悲しみがあるところでこそ、一緒に苦しむことが新しい人生の一歩となるのではないでしょうか。

「今日は来て本当によかった」

その方と礼拝を守れなかったことを、私は心苦しく思いながら奥様に言いました。

「では、これからチャペルに行ってみませんか？」

「ぜひ」とおっしゃってくださったので、関わった看護師とボランティアの四人でチャペルに向かいました。聖書を読み、讃美歌を歌い、祈りました。この方は少し晴れやかなお顔になり、「今日は来て本当によかった」と言ってくださいました。また後日には、納骨の報告にも来てくださったのでした。

人が集まり、一緒に涙を流すことができるなら、そこで命は生き続けるのではないかと思います。それはただ単に「思い出」の中で生きることではなくて、遺された人を実際に支え、新しく生きる基盤へと故人がなっていくからです。苦しい日々が待っているかもしれませんが、そこに帰り、歩み出すのです。

ホスピスでの今日の出会いは、別れの向こうにあるつながりのためにも備えて与えられている――そう思うと、私はとても身の引き締まるような心持ちになります。

19　それでも生きてきたから

それが私を見つけてくれた

近代ホスピス運動の産みの親と呼ばれる英国人医師シシリー・ソンダース（一九一八－二〇〇五年）。彼女はその晩年、「私がホスピスを作ったんじゃないの。ホスピスが私を見つけてくれたの」と、しばしば語っていたそうです。

もちろん、彼女が世界初の近代ホスピス「セント・クリストファー・ホスピス」を一九六七年にロンドン郊外に作ったこと、そして、このホスピス運動の方法論と心とを、世界中に著作や講演などを通じて広めてきたことは、誰も疑うところのないことです。それでも彼女が「自分がホスピスを創設した（found）のではない、ホスピスが自分を見つけてくれた（found）」と言うとき、物事が個人の力を超えて展開していく不思議と、それを目撃しながら生きていく喜びとが、彼女の許からにじみ出てきていたように感じられます。

ソンダースの思いは、あるいはV・E・フランクルが「人生から意味を問われた者として生きる」と提唱したことや、シスター渡辺和子が「置かれた場所で咲きなさい」と勧めたことに似ているかもしれません。人生を主体的に生きていくことは、何も我を張り、突っ張って生きることと同じではないでしょう。むしろ与えられた人生の中で、自分の限界をもしっかり味わいながら、それでもしなやかに、たおやかに、それをまっすぐに生きていくことであるはずです。ソンダースには、そこにおいて、自分をひょいと外側から眺め、にこっと笑ってみせるような洒脱ささえあったように思うのです。

「それが、それでもあったのよ」

同じように、多くの歳月を重ねてこられた方々の語りの中には、一種の軽やかさが含まれていて、胸をドキドキさせられることがあります。

その日ショートステイに来られていたお二人は同い年。いつも利用日が重なると、親しげに会話を楽しんでおられました。

「私たちってさぁ、女学校に入ったのが戦争の始まった年で、出たのが戦争の終わった年でしょ。もうずーっと戦争よ。学校で授業を受けたことなんてほとんど無かったわよね」

思い出はやはり戦争の頃に遡ります。

「そうそう、学校入ったら、すぐに工場に行かされることになってね。電車に乗って毎日遠くの工場まで行ったわよ。何作ってるんだか分からなかったけど」

「あらそう？　私、一生懸命にネジを作ってたわよ」

「いやいや、ネジだとか、金具だとか、そういうことは分かるんだけど、何の何になるんだか分かんないわけ」

「そりゃ、分からないわ。戦争なんだもの。私たちが分かってどうするのよ」

お二人の会話はにぎやかに続きます。

「ずっと戦争では、青春も何もという感じですね」

そう私が言ったときでした。お一人が目元を緩めてお話しになります。

「それが、それでもあったのよ。その頃、通う電車も男女別々になってたんだけどさ、ホームで男の人がいっつも待ってるわけ。私にはちっともその気がないから、何ともならなかったけど……」

そしてお顔がさらに紅色になられます。

「それが主人が死んだ後に、その人、突然訪ねて来たのよ。もう、ちゃんと奥様がある方なのにね。娘も『ゆっくり外で話してきたら』なんて言うもんだから、一回、喫茶店に行って、昔話をしたわよ」

もうひと方が口を挟みます。

「あなた、その方の顔見て、わかったの?」

「うん、わかった。面影があった。それで、この話をデイケアでしゃべったら、スタッフの人みんながからかうの。嫌になっちゃう」

半世紀。そしてご主人が亡くなってさらに三〇年。その時を自由に超えて話が行き来することに、お二人は、また大笑いするのでした。

こんな苦労はしなくていい

楽しい思い出から笑みがこぼれるとき、そこに苦労した時代のあったことへの愛おしさも沸き起こってきます。お二人の会話が続きます。

「あの頃、ほんと、食べ物なかったものね。かぼちゃばっかり食べてた。農家じゃないから、かぼちゃぐらいしか上手に作れないのよ」

「そうね、それで、あんなに苦労したのに、苦労の経験から人様に言ってあげられることなんて、私たち何にもないのよね」

「え? ないんですか?」

私はちょっと驚きました。苦労からの教訓を伺うものと思ったのにです。

「そう、何にもないのよ。私たちって、最初っから悪い時代だったわけじゃないのね。私たちより一〇歳若い人たちは、そうね、最初っから戦争。戦争前を知らない人たちはかわいそうね。でも私たちは戦前派なの。戦争が始まる前の、ほんとうに豊かだった時代を知っている。今よりも豊かなくらいの時代だった。だから、初めっから苦労に耐える力を持っていたわけじゃないの。自然とそうせざるを得なかっただけ。よく、『今の若い人は』って言う人がいるけど、今の若い人たちだって、ああなったら、そうなっちゃうでしょ。あんな苦労はしなくて済むなら、しない方がいいの。だって、生きてりゃ、みんな誰だってつらいことがあるでしょ。それだけで十分じゃない。あんな苦労はいらないの」

「そうね、子どもたちにはあんな苦労はさせたくないわ。あれはいらない」

私は少し胸がつらくなって尋ねました。

「じゃあ、時代で損をしたということだけですか?」

その方は、「ほほほ」と大笑いなさって、

「そうね、損よ。大損。いらない苦労ね」

とおっしゃいました。自分の経験を誇らず、ただご自分の人生として引き受けている——私はその方のとてつもない大きさを感じたのでした。

自分の十字架

それは〝損〟を真面目に引き受けてこられたたくましさであられるのかもしれないと思います。

イエスはあるとき、弟子たちに「自分の十字架」を背負うよう求められたことがありました。

わたしについて来たい者は、自分を捨て、自分の十字架を背負って、わたしに従いなさい。自分の命を救いたいと思う者は、それを失うが、わたしのために命を失う者は、それを得る」（マタイ16・24－25）

これは、イエス自身による十字架と死の予告に対して、「とんでもないこと」とペトロがいさめたとき、「サタン、引き下がれ」（同23節）と彼を叱責した後にキリストの語った言葉です。「サタン、引き下がれ」とは、ずいぶんきつい言葉に聞こえますが、ギリシア語原文には新共同訳に訳出されていない愛の一言があります。「私の後ろに」の一言です。原文では、「サタン、私の後ろに下がっておれ」とイエスは語っているのです。

人が神の業を止めることはできないでしょう。それほど人は強くないのです。人はキリストの後ろにいるよりほかありません。しかし、その守りの中で、自分自身に与えられている重荷の重さをしっかり味わえばよいというのでした。そしてそんな重荷を大切にすることで、キリストを通じ、他者の苦労ともつながっていく――その共苦の恵みをイエス自身が保証してくれたのでしよう。

あの風景は忘れない

「戦闘機から機銃掃射されたことがあるわ。私、とっさにしゃごんだ（しゃがんだ）のね。そうしたら、頭の上に弾痕が一列に！　ちょっと遅れたら死んでたわね」

お二人の会話はまだ続きます。

「空襲が終わって疎開から帰ってきたの。そしたら（横浜の）黄金町から山手まで丸見えなんだものね。何にも残ってなくて。人生だいぶ生きてきたけど、あの風景は忘れないわ」

「そう、なのに私たち死ななかったのよね。だからさ、コロナでみんな大変だって言うけど、それで、たしかに大変だって思うけど、驚くことはないのよね。人生何が起きたって、私たちは……」

焼け野原でも生きてきた事実。その重みと軽やかさ。やっぱり、人生を生きてこられた方たちは、たおやかで、しなやかで、そしてどこか洒脱だと、私はその大きな力をいただくのでした。

20　傷ついた葦を生かす

美しいいのち

回勅『ラウダート・シ』でフランシスコ教皇が言おうとされていたことは、「すべてのいのちは美しい」ということなのではないかと思います。教皇様はこの回勅の中で、「インテグリティー」（十全性／総合性）という言葉を繰り返し使われるわけですが、それは、どんな被造物をも傷つけてはならないことを意味しています。私たちは自分の利益を求めたり、自分だけの安楽さを性急に追って、誰かを、あるいは何かを犠牲にしてしまいがちです。しかしそうやって得られた快適性は、ただ環境を損ねるだけでなく、どこかで、神に与えられた私たち自身の人間性をも失っていくことに結びついていると教皇様は指摘しているのでしょう。

実際、すべてのいのちの営みは神がお定めになったのであり、踏みにじられてはならないものです。いのちの美しさに感動できる人は、他者との出会い一つひとつを大切にできる人でしょう。またそう思える人が、自分自身をも本当の意味で大事にするのです。神はどのいのちにも、あるいは今にも果てそうな小さないのちにも「生きよ」と命じられている——その想起が、今、私たちに求められているのかもしれません。

「ひとりぼっちになっちゃった」

Aさんと初めてお会いしたのは、もう一〇年以上も前のことになるでしょうか。四〇代の乳がんの患者さんでした。その頃、ちょうど弟さんを亡くされたばかりで、悲しみが大きかったのです。病棟師長から「話を聴いて差し上げてください」と紹介された方でした。

亡くなった弟さんには身体に障がいがおありだったのだそうです。だからこの方が姉としてずっとお世話をしてこられたのでした。すでにお父様とお母様も亡くなっていて、自分も病気になり、淋しいというのです。

「ああ、ひとりぼっちになっちゃった」

そう、ひとしきり涙を流されたのが最初の出会いでした。

離婚後に再婚されていました。あまりに「ひとりぼっちだ」と言われるものですから、私はてっきり独身でいらっしゃるのか、あるいはご主人とうまくいっておられないのかと思ったのですが、そういうことではありませんでした。本当にいいご主人なのです。しかし、前夫との間のお子さんとは生き別れですし、今のご主人には、大事な方だからこそ、言えないこともあられたのでしょう。時々の入院に合わせて病室をお訪ねすると、私にはいろんなお話をしてくださいました。

一〇年経った頃から、骨転移も目立ち、骨折されることが多くなりました。車椅子生活になりましたが、入院なさる度、朝の礼拝時間には、チャペル前までいらしていました。中には入られないのです。お勧めしても、入り口のところで「私はここで」とおっしゃり、まるで神社の鳥居から参道奥に向かうように、静かに頭を下げて病室に戻られるのでした。

骨髄ががんに冒されて、十分な血液を作ることができなくなりました。そして病院でできる治療が尽きたとき、この方は老人ホームでお過ごしになることを決められました。五九歳になっておられましたが、普通なら、特養に入るには早すぎるご年齢でしょう。それでも、最期の時、ご高齢の方たちに交じって、できる限り、あるがままに生活できる場所をと選ばれたのでした。

「生きろ」

「生まれ変わったら、何になりたい?」

特養に入られてから、Aさんに、そう聞かれたことがありました。私はさんざん頭を悩ませた挙げ句、

「また自分がいいかな。失敗したことや、やり直したいことがいっぱいありますし……」と答

えました。そして聞き返したのです。

「Aさんは？」

「私は野に咲く花かなぁ。名前が知られていなくてもいいの。でもそこで綺麗に咲けたらなぁ」

Aさんは、そう答えられました。私は何だか、ダ・カーポの歌った『野に咲く花のように』を思い出してしまって、この方の横で一節歌いました。歌の大好きなAさんでしたが、なぜかこの曲はご存じなかったようで、

「そんな曲があるんだ……」

とつぶやいておられました。

ベッド脇に、一枚の墨書が掛けられていました。大きく「生きろ」と書いてあるのです。ホームのクラブ活動で、書道の時間にこの字を書かれたというのでした。私はその太くどっしりとした字に圧倒されていました。Aさんはご自身のいのちの終わりを見据えておられます。だからこそ「生まれ変わったら」などと私に尋ねられたのです。それなのに、「生きろ」と書くのは、ご自分を鼓舞するためであられたかもしれません。今の今は生きていることを、そして今の時まで生きてきたことを肯定して、無駄にするなとご自身を叱咤しておられるかのようでした。

まるで映画『もののけ姫』のコピーみたいです。しかしAさんが念頭に置いておられたのは、アイドルグループの「NEWS」のほうでした。

「ずっとジャニーズの追っかけをしていて……」

とおっしゃるので、

「いつから？」

と聞きました。Ａさんは
「フォーリーブスから」とお答えになりました。筋金入りです。

その大好きなジャニーズに、「ＮＥＷＳ」というグループがあって、彼らの『生きろ』という曲に励まされているというのです。

Ａさんは右腕が折れたままになっていました。転移した骨のがんが、利き手を奪ってしまったのです。だから、反対の左手で何回も何回も練習して、それを書いたのです。大好きな曲を聴きながら、「生きろ」「生きろ」と書いたのです。そしてその最高の一枚を、亡くなられるその日まで、横たわる右隣に掛けておられたのでした。

傷ついた葦・暗くなってゆく灯心

神はたしかに、すべてのいのちに向かって「生きろ」と命じられているのでしょう。しかも、特に弱り果て、傷ついた人々をこそ、生の力で満たされるのです。捕囚の創痍を身にまとう第二イザヤは、その神の言葉を告げていました。

見よ、わたしの僕、わたしが支える者を。……
彼は叫ばず、呼ばわらず、声を巷に響かせない。
傷ついた葦を折ることなく
暗くなってゆく灯心を消すことなく
裁きを導き出して、確かなものとする。
（イザヤ42・1－2）

ここの「裁き」は、「正義」とか「公正」と訳されても良いと思います。神の信義は声高に自分を主張することのできない、「名前の知られない野の花」のような者に働きかけるのです。神は、そのような存在に向かい「生きろ」と命じられているというのです。そしてそれどころか、そのような人をこそ用いて、すべての傷を抱え生きる者たち――傷ついた葦、暗くなっていく灯心のような人々に、その命令を伝えさせ、ご自身の公正を導き出されるというのです。イザヤはそのような自分の使命を自覚しました。

去るいのち、残るいのち

Ａさんは、ご自分の旅立ちが近いことを感じておられたでしょう。その中で、「生きろ」と書かれました。それは、たとえ今日亡くなっていくとしても、生きている限りは、生きていくことを求められていると確信されたからではないでしょうか。そしてそのお姿は、そこに居合せる私にも、生きることを求めるものでした。

Ａさんはキリスト者ではありませんでしたが、私が手を取り、かたわらで祈ると、いつも大きく「アーメン」と声を合わせてくださいました。私はその度に胸をじんとさせてお部屋を後にするのです。去る者と残る者。でも、Ａさんと私は同じいのちを生きていました。

私たちは、最期の時まで、神の「生きよ」との命を聞き続けます。旅立つ人が、それに「アーメン」と答えるのです。私はそのような「アーメン」をたくさん聞いてきました。その方たちの祈りが、なおしばらく生きていく私たちに、そのいのちの使命と、その希望とを示してくれているように思うのです。

21　時には座り込むことから

自分らしく……というけれど

とりわけ緩和ケアの世界では「自分らしく」ということが大事にされます。「どんな状況を抱えていても、それで希望がなくなってしまうのではない。最期まで、その人がその人らしくいられるようにお手伝いを！」というわけです。

これは、今までの医療が人の生物学的機能にばかり注目して、あまりにも画一的な対処に専念してきたことへの大反省から生まれた考え方であったと思います。一人ひとりの人間が、みなそれぞれに違った人生を生きてきて、違った出会いを重ね、違った価値観を身につけ、違った苦しみを抱えているという当たり前の原点に立ち返ることでもあったでしょう。

しかし、「自分らしく」ということが、過去の元気だった頃と比較して突きつけられる「自己維持課題」みたいになってしまうと、それは病を抱える患者さんやご家族にとって、さらに辛い思いを増し加えるだけになってしまうでしょう。人にはそれぞれ違った過去があるという視座と同時に、一方では、誰もがひとしく最後に死んでいかなければならない、という超越的で峻厳な視点も必要なのではないかと思います。そしてそこにおいて、「自分らしさ」を失っていくことの悲しみやもだえを、そのままに見守る温かな眼差しが、医療者や介護者には求められていると思うのです。

「早く逝った方がいいのかもしれないけど」

ある年の暮れでした。一人の女性が入院してこられました。入院当日はお疲れになったのか、私がお訪ねしたときにはお休みになっているところでした。私は、おそばにおられた娘さんに声を掛けました。

「お母様は、どんな方ですか?」

「とても元気な人です」と娘さんは答えられ、顔を上げて言われました。

「結構な歳になるまでバレーボールをやってたんですよ。実業団で選手だったこともあるんです。その関係で父とも知り合い、結婚して横須賀に来たと聞いています。だから、本人、こんな体になって辛いでしょうね。今までの母を知っているので、ちょっと、私も気持ちがついていっていないところがあって……。母にはできるだけのことをしてやりたいと思っています」

娘さんはずっとお母様を見つめておられました。そして入院早々から、年越しはご自宅で過ごせるようにと、外泊の計画もしておられるのでした。

「家族のことを思ったら、早く逝った方がいいのかもしれないけどねぇ」

ある日、穏やかに目を覚ましておられた患者さんご本人が、そう言われたこともありました。子どもの時に満州から引き揚げてきたこと、山形や塩竈で青春期をバレーボールと過ごされたことなどを、ゆっくりと語られ、

「夫が酒飲みでね。それで結果、今、透析を受けるまでになっちゃったでしょ。あの子、両親がいっぺんに病気じゃ、大変だと思うのよ。無理させているわね」

と娘さんを案じておられました。

たしかに娘さんはいつも一生懸命でした。約束通り、年越しの一時帰宅をかなえられたばかりか、月またぎで許される外泊期間の最長まで、予定期間を延長して自宅滞在を実現。さらには病院に戻られた翌々週の週末にも、ご自宅への最後の外泊を援助。病院でもいつもお母様に付き添い、足をマッサージしておられる娘さんの姿がありました。そしてとうとうその一月の終わりに、お母様は亡くなったのです。娘さんとご主人に見守られて、とても穏やかな旅立ちでした。

「ようやく母のことを思う時間が持てました」

その年の秋になりました。毎年病棟では「追悼記念会」が行われるのですが、そこに娘さんが

お出でくださったのでした。追悼礼拝中からすでに涙を流しておられた娘さんは、茶話会の場所で、その泣きはらしたお顔のまま話しかけてくださいました。

「先生、お世話になりました……」

それだけで、もう私はじんとしてしまったのと、加えて「でも本当は、私は何も〝お世話〟なんてしなかったよなぁ」との恥ずかしさも味わっていました。

「私ね、普段はもう母のことを思い出さないんです。というよりは思い出さないようにしてきました。そうでないと、普段のことが何もできなくなってしまうものですから」

そういえば、この方のお父様は今も透析治療を受けておられるのです。改めてお聞きすれば、脳梗塞を患われてから、ずっと娘さんが看護をなさってきたのだそうです。娘さんはお母様が亡くなった後も、仕事をなさりながら、お父様を透析に連れて行き、ご実家のこともご自分の家のことももと、全部を引き受けておられるのです。

「実は忙しくすることで、母のことを忘れられます。だから、今日、ここへ来るのも、とても迷ったんです。ちょっと怖かったこともあります。でも、来て良かった。ここへ来て、ようやく母のこと――母のことだけを思う時間が持てました」

ただ一日です。たった一日だけなのですけれど、お母様のことだけ思える日だったのです。娘さんは、溜めに溜めてこられた涙を、この日とばかり流されたのでしょう。今まで走りに走ってこられたのが、この方の日常であり、この方の生きがいだったのかもしれません。それでも、その日一日、チャペルで座り、悲しみを味わってご自分をいたわってくださったのだとしたら、その日をご一緒できた私にとっても、大きな感謝の時であると思わされたことでした。

「必要なこと」

私は、この娘さんの姿に、イエスの慰めの言葉を重ねたくなります。

マルタ、マルタ、あなたは多くのことに思い悩み、心を乱している。しかし、必要なことはただ一つだけである。マリアは良い方を選んだ。それを取り上げてはならない（ルカ10・41－42）。

立ち働くマルタのことを、キリストは少しも否定してはいません。ただ、「心を乱している」と思いやっています。

新共同訳聖書はマルタの一連の行為を「もてなし」（同40節に二度）と訳しています。しかし元になっているギリシア語は「仕えること」「奉仕」を意味する言葉です。後には初代教会における「執事」やカトリック教会の「助祭」につながる職責を意味することにもなる単語で、単なる「給仕」以上に、キリストの働きと、それに従おうとする人々の務めを表すものでもあります。全キリスト者の生き方そのものと言ってもよいかもしれません。マルタはひょっとしたら、弟子集団の中にあって、宣教のための大事な役割をたくさん担っていたのではないでしょうか。それゆえに悩みも多かったのでしょう。

マリアがどうしてただ座っていただけだったのかは書いてありません。それでもキリストは、他者に仕え、隣人のために何かをしようとするに当たっては、マリアのように、まず自分が、ただ座ってそこにいることしかできないことの現実を味わう必要があると示されたのではないかと思うのです。時に座り込み、本当は自分こそが一番慰めを求めていることに気づかなければならないと、キリストは二人を愛しつつ、諭されたのでしょう。

できるだけのことをして、だから、立ち止まって

あの最期の一月の終わり、院内にあるパイプオルガンで毎月行われているコンサートに、その母娘がお出でくださっていたことを思い出します。娘さんは何でも「できるだけのことをして」差し上げたかったのです。コンサートが終わって、私が「先月はクリスマスコンサートだったんですよ」と申し上げると、娘さんの方がより残念そうにしておられたことでした。そして、コンサートが「ゆっくりできる良い時間だった」とおっしゃってくださいました。

誰もが、力及ばぬ悔いの中で、非情にも訪れる別れを迎えなければならない時が来ます。だからこそ、その悲しみを嘆く場が必要なのです。そしてその必要が満たされるとき、私たちはようやく本当の意味で、「自分らしさ」を取り戻せるときに出会えるのではないかとも思うのです。

22　地で立ち上がるための賛美

病院の玄関で

新型コロナウイルス感染症が最も流行していた頃、私も久しぶりに病院の正面玄関に立ち、お出でになる方々をお迎えするようになりました。私は週に一度、一～二時間の担当。順番に並んでいただいて、サーモカメラで検温し、手指消毒をしていただくのです。発熱外来へお越しの方は、館内に入る前に外から電話をいただいて、裏の診察スペースへと案内します。

「おはようございます。こちらへお出でいただけますか？」

「雨降ってきちゃいましたね。濡れませんでしたか？　たいへんでしたねぇ」。そんなふうに声を掛けながら、不慣れな方には診察受付のお手伝いをしたり、院内各部署に連絡を入れたりします。そして、お一人おひとり、お帰りになるときには、

「お大事になさいませ、お気を付けて」とお送りするのです。そんな中ときどき、

「まあ、先生！」となじみの方が声を掛けてくださると、ずいぶんうれしいものです。

「久しぶりに」と書いたのは、二〇〇七年前に勤め出したときの最初の仕事が、まさに正面玄関で案内に立つことだったからです。当初は事務職も兼任しており、〝病院〟というものがどんな仕組みでできているのか、門外漢であった私が学ぶのにうってつけの場所が正面玄関だと、当時の幹部の方が考えてくださったのでしょう。じきにチャプレンとしての仕事が多くなって玄関に立つことはなくなってしまったのですが、たくさんのことを学ばせていただいた現場でした。コロナ禍は私に、初心に帰る時間を与えてくれたのでした。

「あれは鳴るんですか？」

正面玄関に立つと思い出すのは、ある女性のことです。その方は、玄関の最初の自動ドアを入ったところ、風除室の隅にうずくまっておられました。私はお加減でも悪いのだろうかと、緊張しながら声を掛けたのでした。

「どうかされましたか？」。ひと呼吸黙っておられたその方は、それからゆっくりと斜め上を指《ゆび》さしておっしゃいました。

「あれは、鳴るんですか？」。その方の指《さ》されたところには、二階吹抜けからのパイプオルガンがありました。病院の後援会が、この本館病棟が竣工した時に寄贈してくださった物です。玄関にオルガンを設置している病院は、全国広しと言えどもそうないかもしれません。この病院が神を讃えるために建てられていることを象徴するものとして、誇りにされています。私はこの方がそのオルガンに関心を持たれたのかとうれしくなり、「うずくまって」おられることの意味を横に置いて説明し出しました。

「今日は〝残念ながら〟鳴りません。月一回、コンサートがありますから、よろしかったら、ぜひお出でください。毎月第四土曜日の三時からです。ここに椅子を並べますので、お気軽にどうぞ」

この方はいぶかしげに答えられます。

「土曜日ですか？　私は土曜日でなくても鳴っているのを聞きました」

「ああ、毎月、月初めの礼拝の時にも、このオルガンが鳴ります。あとは、ときどき週末にオルガニストの方が練習に見えるので、その音を聞かれたのかも知れませんね。今日は鳴りません」。そうやり取りすると、やおら一層この方の顔は気色ばみました。そして今度こそ、うずくまっておられることの意味をはっきりとおっしゃったのでした。

「私はおびえています」

「私はおびえています」。女性は言いました。「あれは鳴らないんですね。なら、いいです。私はあれが鳴るのではないかと思って、おびえています」

私は、ようやく了解しました。おそらく、精神的な疾患をお持ちの方だったのでしょう。大きなオルガンから音が落ちてくることを想像して、足がすくんでしまわれていたのです。病院の中に入れないでいらしたのです。以前にここへ来られた時、その音を聞いてびっくりされたのでしょう。その時、その音に何を感じられたのかはわかりません。単純に音の大きさのことだけではなかったかも知れません。教会やキリスト教が大事にしてきたもの、良いと思って誇ってきたもの、〝良い〟と〝悪い〟を峻別するためにかざしてきたもの、その辺りの何かを感じ取られたということであったのかも知れません。ただ、その感じられた何かが、この方を怖がらせてしまったということだったのでしょう。

もちろん、オルガンそのものが悪いのではありません。コンサートは大人も子どもも着の身着のままでお出でになれる安らぎの時間として、入院患者さんにも地域の住民の方にも喜んでいただいています。前の章でも、エピソードを一つ紹介したところでした。

でも、それだけではいけなかったのです。それが「上にある」だけでは不十分なのです。オルガンは動くことができないのですから、なおさら、そこで奏でられる喜びと恵みとを一人ひとりの現実の中で分かち合えるように、この地平で、「ここにいる」支え手の働きが大事になってくるはずだったのです。

「大丈夫ですよ。今日は鳴りません。ご一緒しましょう」。私ははっとして、改めてそうお声掛けし、一緒に病院の中に入り、受付まで案内したことでした。

言《ことば》は肉となって、わたしたちの間に宿られた（ヨハネ1・14）。

言葉はかたわらで支えるべきであって、「上から語られる」だけではいけないのです。それは、そのことを私に教えてくれた貴重な一つの出会いだったのかも知れないと思います。

「恐れるな」

天の恵みは、この地に生きる誰をも追い出すことがないのでしょう。あの最初のクリスマスの夜、その喜びの使信は、真っ先に野の羊飼いたちに届けられました。天使は告知したのです。

恐れるな。わたしは、民全体に与えられる大きな喜びを告げる。今日ダビデの町で、あなたがたのために救い主がお生まれになった（ルカ2・11）。

社会的に疎んじられ、敬意を示されることも少なかった彼らに、この時はスポットライトが当てられていました。彼らが「恐れ」ては、物語が始まらないのです。彼らをうずくまらせる力は挫かれなければならないし、彼らこそはベツレヘムに招かれなければならないのです。そこには地面に低くひとつの飼い葉桶があるはずでした。そしてその中には、家畜たちをすら見上げて眠る乳飲み子がいるはずです。そこにあふれる平和へと、彼らは招かれなければなりませんでした。
だから天の大軍は、歌います。

いと高きところには栄光、神にあれ、
地には平和、御心に適う人にあれ（同2・14）。

「賛美」は、天と地とをつなぐものでなければならないのでしょう。そして地にある誰もが一歩を踏み出していくことができるように、最も低くにあられる方を見上げることでなければならなかったのだろうと思うのです。賛美は恐れを安心に変えていきます。

「お大事に、お気を付けて」

私たちは、いつも、うずくまりから立ち上がるための言葉を必要としているような気がします。私たちはそれが自分に必要であることを感じることで、それが自分の隣にいるこの人にも必要であるはずだとの思いに至ります。そして、そのような私たちの立つ地平に、小さなキリストがともにいてくださることを信じられるように導かれるのでしょう。

コロナ禍で、オルガンコンサートも、長い間休止を余儀なくされました。鳴らないオルガンがそこにはありました。でも、変わらずに玄関から聞こえてくる声があったのでした。

「お大事になさいませ」

「また雨降ってきましたよ。お気を付けて」

お互いの平和を願いつつ、それぞれの方々を、それぞれのベツレヘムへと送り出す言葉であるなら、そんな声掛けも立派な「賛美」なのではないかと思うのです。

23　木から降りてみたら

ジコチュー

何年か前のお正月、テレビで初詣に来ている人にインタビューをしている光景を見ていました。参拝客に「今年の抱負は何ですか？」と尋ねているのです。するとその中で、一人の若い女性がフリップに大きく、こう書いて見せたのでした。

「ジコチュー」

その女性は言うのです。「自分はつい人の顔色を窺《うかが》ってしか行動ができない。自分の気持ちは引っ込めて、周りに合わせることしかできない。今年こそは、少しだけ勇気を出して、自分の気持ちに忠実になってみよう。少しくらい自己中心的でもいいから」と。

果たして、「自分の気持ちに忠実になること」と「自己中心的であること」が同じものであるのか悩みます。でも、私たちの社会には、みんなが同じように考え、同じように行動することを求めるところがあって、「どこかで息苦しさを感じるのは、たしかにそうだよな」と思うのです。

特にコロナ禍が始まってからの空気感には恐ろしい感情が含まれていたようでもありました。

だからこそ、小さな一人ひとりが、無理に背伸びしなくても大事にされる社会が欲しいと思います。目立たない人たちの普通の生き方が、「ジコチュー！」と気張らなくても見守られている社会。そこに溢れさせるための愛をこそ語りたいと願うのです。

「おととい和解しました」

ある方のお部屋を初めてお訪ねした時のことでした。

「こんにちは。初めまして。この病院の牧師です」

いつもそうするように、私はその女性にお声かけしました。するとその方は、まるでそれが自然なことのように、私に「どうぞ」と言って、椅子を勧めてくださったのでした。

これは私にとって、決して当たり前の光景ではありません。むしろ普通は「牧師が来た」と言っても、「あ、そうですか。ま、よろしくお願いします」程度のやり取りで終わるか、それとも、ひと言ふた言何気ない会話から始まり、「元々はお身体は丈夫な方ですか？」のような質問があって、「それだけが取り柄でしたから。私、昔ね……」のような語りが始まったところで、私が「今、話していても大丈夫ですか？」と許可を得て、おもむろに腰掛けるという流れになることが多いのです。

「何かある」と思いました。女性は話し始められました。

「私、おといね、息子と和解したんですよ。今日が入院だというので、息子が来てくれたんです。もう一〇年くらい行き来のなかった息子です。私も体はきつかったのですけど、二時くらいまで話してしまって。そうしたらね、最後に息子が『俺も悪かったよ』と言ってくれたんですよ」

どんなことがあって親子の語らいがなくなってしまっていたのか、詳しいことはおっしゃいませんでした。でも、そうおっしゃるとき、この方はとてもほっとされた表情でいらしたのでした。そしてそのようなお気持ちに整えられていたところへ、たまたま私が訪ねてきたということであったのでしょう。この時とばかりに、私に報告してくださったのです。

「人間がみんな愛おしい」

その女性はある時私に尋ねられました。

「病気って、神様が与えるんですか？」

それは、こういう仕事をしていて、とても答えに窮する質問です。だから私は、ずいぶんと困った顔をしたまま、「それはつらい質問だな……」と言いました。そしてそれから、付け加えました。

「でもね、Kさんと初めてお会いした時、息子さんと和解したことをおっしゃってくださいましたよね。私は、Kさんご自身にとって、今、とっても特別な時を過ごしておられるのだなと思って、そこに居合わさせてもらっていることに身震いしたんですよ」

するとKさんは、

「そうでしたか、そういう私の時なのでしょうかね。私、最近、死んだらどうなるんだろう、って考えるんです。天国とか地獄とか――うーん、あんまり地獄っていうのは考えないんだけど、天国っていうのはどんなところなのかなって」

私はまたしても考え込みながら、ようよう言葉を継ぎました。

「そうですね……、愛で結ばれたところじゃないですかね。私も行ったことがないので、わからないのですけど。でも、地上に遺した人たちとも、お互いに赦し、赦されて、でつながっていますよね、きっと」

それはその時のKさんとのやり取りから導かれた、私の天国に対するイメージなのでした。するとKさんは語り出されました。

「赦されるって、いいですね。私ね、若い頃は職場でも、あの人は仕事ができる、この人は仕事ができないって、人を評価してはいらいらしてばかりいたんです。でもね、今、自分も病気をして思うんです。みんな一生懸命に生きているんだよなって……」

Kさんの言葉が続きます。

「今日ね、友だちが訪ねてきてくれたのね。目の手術を受けたって言うの。でも結果があんまり思うようではないんですって。それでその辛さを末期がんの私の前で、切々と訴えているわけ。まあ、おかしいんだけど、それでね、私、それが嫌だって言うんじゃなくて、ふっと、『この人も一生懸命よね』って、そんなことを思ったの。私、変かしら。いやね、私、ようやくそう思えるようになったのよ。『この人も一生懸命生きているんだ』って!」

私はなんだかうれしくなって言いました。

「今のKさんの言葉を聞いていると、なんだか人間がみんな愛おしくなってきますね」

するとKさんも、満面の笑顔になり、

「そうなのよ! ほんとうに人間がみんな愛おしい。私、人間がみんな愛おしいって思えるようになったの!」

と興奮されたのでした。私たちはしばらくそのじーんとするような、その恵まれたひと時を一緒に過ごしたことでした。

「ザアカイ! 降りて来なさい!」

高みに登って、誰にも負けまいとひとり奮闘していたところから、もう下に降りてもよいと荷を下ろせるようになる時が来るのかもしれません。そしてそれは、最も低い姿勢から、誰かが自分のことを赦してくれたと安堵できた瞬間に訪れるのでしょう。

ザアカイはいちじく桑の上でその瞬間を迎えました。ローマの徴税請負人として財を蓄えてきたザアカイ。彼は人垣に埋もれて、その有名人を見ることができないので、「走って先回りし」(ルカ19・4)、いちじく桑の木に登ったのです。人より先に走っていくこと、そして人より高いところに登ることが、彼の生き方だったのでしょう。

ところが、その高いところに留まったとき、低いところから語りかけられる自分の名前を聞いたわけです。

ザアカイ、急いで降りて来なさい。今日は、ぜひあなたの家に泊まりたい(同5節)。

イエスとザアカイは、その晩大いに語り合ったのではないでしょうか。一緒に夜を過ごしてくれる人に出会って、ザアカイはひとりで頑張る必要がなくなったのでしょう。そして、その財産を、周りの人みんなと分かち合う喜びに満たされたのだったと思うのです。

赦されて旅立つ

「人間が、みんな愛おしい」と思えることは、決して当たり前のことではありません。それほどこの世の営みはお気楽なものでもないでしょう。でも、そう思えたなら、どんなに幸せなことであるだろうとも思うのです。

「ごめんなさい」と言ったのはKさんの息子さんの方でした。でもそのことで赦されたのは、Kさんの方であったかもしれません。Kさんは心晴れやかに、天に帰って行かれたのでした。もう「ジコチュー」でなくても良くなったからであったように思うのです。

24　この世のものはこの世に置いて

荷を下ろす場所

日本ホスピス・緩和ケア研究振興財団が二〇一八年に行った「ホスピス・緩和ケアに関する意識調査」によると、「理想の死に方」（自分の場合）として「ある日、心臓病などで突然死ぬ」と「（寝込んでもいいので）病気などで徐々に弱って死ぬ」のどちらかを選択してもらったところ、七七・七パーセントの方が前者を、残りの方が後者を選択したのだそうです。後者の選択肢にあえて〝寝込んでもいいので〟と書かれているところが引っ掛りますよね。「誰にも迷惑掛けたくない。特に、家族には！」と、そんな心が働いて、こういう結果になるのではないかとも思います。

とかく日本では「ピンピンコロリ」が理想とされています。次の世代に思いを引き継ぐことを未練とし、さっと「跡を濁さず」旅立つことに美意識が傾くのかも知れません。でも、そんな美学が、人生の最後に、振り返るより、忘れ、忘れられることを望むように人を駆り立てるなら、なんとも淋しいことであるようにも思うのです。

ホスピスは、本来、自分の人生をゆっくり振り返る場所だったのではないでしょうか。そして荷を下ろし、すべてをゆるしてもらうための場所だったのではないでしょうか。近年の緩和ケア病棟では、「症状緩和」ということに傾注して、「ここは体を楽にして自分らしく生きる場所ですよ」と宣伝する一方、死の準備をおろそかにし、和解の機会を奪ってしまっているような気もします。やり残したこと、ずっと抱えてきたこと、置き土産をしてきてしまったこと、その一つひとつと和解できるようにすることも、終末期ケアの大切な役割だと思うのです。

「死ぬのは自然なこと」

その男性は、「死ぬのは自然なこと」と言っておられた方でした。よくしゃべり、何の悔いもないようでいらしたのでした。

「病気になる前と、なってからでは全然違うよね。病気になってからは何かを身につけるということがない。前は何かしら身になる経験をしたり、学んだりしていたわけだけど、もうそういうことがないからね。どっちがいいということではないんだ。そういうものだというだけだ」

あまりに達観しすぎておられる気がしました。私は、「反対に失うということはないですか？」と訊きました。すると、「あー」と深く頷きながら、思いつくいくつもの言葉の中から適切なものだけを選ぶかのようにこうおっしゃいました。

「もう病気になったときになくしちゃったからね。そんときから寝たまんまだし、どこかに出かけるということもない。残念なこと？　ま、強いて言えば、今週封切りの映画が見られないことくらいかな。欲を持ったって苦しいだけなんだから、自分が楽になれるように、自分のことだけ考えている感じだな」

諦められていたのでしょう。それは淋しさをすらご自分の一部として肯定してしまわれた結果の泰然さのようでした。眼差しはとても明るいのです。お痩せになった顔の中で美しい目です。私は思わず、「こう言っては何ですが、毒っ気のない目をしていらして、赤ちゃんの目みたいですね」と申し上げました。するとこの方は恥ずかしそうに「そう？　ありがとう」と言われました。六九歳独身。元公務員。あまり人付き合いは得意ではないけれど、とにかく実直に生きてこられた方――それが私の印象でした。

“生き死に”のこと

ところがある日、看護師から報告がありました。その方が、「死ぬのが怖い」と不安定になっておられるというのです。私は数日での変化に驚きながら、お部屋を訪ねました。

やや混乱した意識の中、横になっておられたこの方は、私が来たことを認めると、「この格好では話せない。起こして欲しい」と言われました。大切なことを話されたいのだと、私は身が引き締まりました。腹水のたまった体は重く、ようやくベッドの端に掛けていただきました。

「さっき、薬を入れてもらってね。さすがにホスピスではこういうときのこと分かっていて、よく対処してくれる。不安も少し落ち着いた。ありがたい。ただ、それは〝生き死に〟のことじゃないんだなぁ……」

〝生き死に〟の話というのです。私は尋ねました。

「以前、死ぬことは自然なことだ、誰もが死ぬ、どんなに偉くても死ぬ、自然なこと、とおっしゃっていましたよね？」

「そうだ」と答えられるので、「それが怖くなった？」。

この方は深く二度頷き、語り出されました。話はとても混乱していて、イメージが次々と移っていくような内容でした。大学に入る頃までは悪夢を見ることが多かったこと。幼稚園の頃、母親と海水浴に行って溺れそうになったのに、死ぬのが少しも怖く感じなくて、かえってそのことに驚く自分を持て余したこと、トビー・フーパー監督の映画『悪魔のいけにえ』に衝撃を受けたこと、猟奇的な世界に次第に惹かれていったこと、でもそのままでは社会で生きていけないと思って、自分の陰鬱な側面を押し殺し、快活な生活を志したこと。

「それなのに、そのご自身の持つ重苦しさは完全には消えなかったのですね？」

私が確認すると、

「うん、抑えてきたと思う」と言います。

「それが、今、襲ってきた……」

「そうだ」、とおっしゃるので、私はぞっとしました。今、ご自身の死を現実に思うこととなり、せっかくたどり着いた人生後半の単純な快活さには留まれなくなっておられたのでしょう。この方にとって、その感覚の核にあるこの方の思いが何なのか、今ひとつ分からないところもあります。でも、何か暗い破滅性の内に、人間たるものの一種の真実を見出した、その若き日の思いが、この方を襲っていたのだろうと感じました。「苦しいだろうなぁ」と思いました。

皇帝のものと神のもの

この方の暗さは、単なる虚構ではなかったと思います。だから怖かったのです。でも、それは、もっと大きな愛によって覆われて良かったはずだとも思うのです。

ある日、イエスをこの世から抹殺しようとした人々が、令色の言をもって彼に近づきました。「あなたは真実な方である」と。そして彼を陥れる問いをなしたのでした（マルコ12・13以下）。

「皇帝に税金を納めるのは、律法に適っていることか」

彼らは恐ろしかったのでしょう。自分たちの立場が危ういと。けれどもイエスはデナリオン銀貨にある肖像と銘を挑発者たちと確認し、そして言うのです。

「これは誰のものか。皇帝のものは皇帝に、神のものは神に返しなさい」

ここにあるのは、力か愛か。謀略か寛恕か。恐れか平和か――イエスはそれをこそ問うたのでしょう。そして私たちの虚構を真実に向かって解き放つのです。「あなたの暗さは、神に買い戻された。もうこの世から自由なのだよ」――イエスは両者を峻別し、そう宣言なさったのでしょう。

地上のものは地上に

「疲れました」とおっしゃるので、「お休みになりますか?」と尋ねると、その方は「はい」と言われました。そこでまたその重い体を支え横になっていただくと、その方はゆっくり目を閉じられました。

「ずっと抱えてこられたのですね。でももう、それは、地上のものとして、地上に置いていきたいですね、たとえ、死ぬのは自然なことだとしても……」

私はそう言いました。この方はその目に涙を浮かべられました。「祈りますか?」と尋ねると頷かれます。私は手を取り、祈りました。

「神よ、この方の罪を赦してください。今日語り得たこと、語り得なかったこと、そのすべてをあなたがご存じです。安らぎを与えてください」

この方ははっきり「アーメン」と言われました。どこまで思いが解かれたか分かりません。でも、目元を潤ませたまま、この方はお休みになったのです。亡くなる一週間前のことでした。

25　時と時期

クロノスとカイロス

「クロノス」と「カイロス」という二つのギリシア語の単語を対比して、「時」を受けとめる感覚に思いを巡らすことがあります。前者は直線的に等速で進む「時」であり、後者は自らの営みに特別の意味をもたらすような契機や時宜を表します。

ふだん私たちは、時計やカレンダーを見遣りながら「クロノス」的な生活を送っているわけですが、一方で「あれはまさに自分の〝時〟であった」とか、「今こそ、その〝時〟だ」と表現せざるを得ない瞬間に出会います。それが「カイロス」であり、自分の存在を根底から支える力となっていくこともあるわけです。

新約聖書では、その両者が、ギリシア語世界の通例に従って区別されながらも、どこかでつながりのあるものと描かれているようなところがあります。使徒パウロはテサロニケの信徒に宛てた手紙で、「兄弟たち、その時と時期について」（一テサロニケ5・1）と書きますが、「時」と訳されているのが「クロノス」で、「時期」と訳されているのが「カイロス」です。二つは並べられています。「人間は、神が与えるその決定的な〝時〟を、やはり神の与える人生という〝時〟の中で経験する」というのが、聖書信仰なのでしょう。それは、「すべて定められた〝時〟がある」と書き記したコヘレトの昔から続く伝統なのかも知れません。

教会の人たちに支えられて来た

それは「クロノス」的に言えば、コロナ禍が始まったばかりの聖バレンタインの日の金曜日でした。Kさんが、所属する教会の牧師さんに伴われてホスピスに入院されたのです。ご家族は娘さんが一人。でも、その娘さんにではなく、牧師に付き添われて来られたというところに、この方の置かれていた状況が滲むようでした。

「こんにちは、はじめまして。この病院の牧師の大野です」

事前に病棟スタッフから、Kさんはチャプレンがいる病院であるということに望みを掛けて来られた方であるということを聞いていたので、私はその期待を重く受けとめながら初対面の挨拶をしました。運良く、ご本人にお会いする前に所属教会の牧師を病院の売店でお見かけし、Kさんについて少し話をすることもできていました。娘さんとはほとんど没交渉であられること、お一人暮らしのこの方を教会の数名がよくお世話してきたこと、ご自分の思いが強い方で、何かあると、お世話してくださる方や教会にすぐ電話が掛かってくることなどでした。いろんなことがあるにせよ、この方にとっては「教会の人たち」が、とにかく頼りになる方たちであったのでしょう。その方たちの優しさの延長が私に求められることであったようにも思いました。

「先生、よろしくお願いします。私はさびしいので、先生、できるだけここへ来てくださいね」

Kさんは、そうおっしゃり、その入院生活の日々が始まったのでした。

一日二回の礼拝

初めは、日曜祝日以外の毎朝、本館病棟で行われている礼拝にご案内することから始まりました。しかし体は相当お辛くなっていらしていたのでしょう、礼拝でも目をつぶっておられることが多くなりました。そしてさらに経つと、この方の時間感覚まで揺らいでこられたようでした。

あるとき、こんな訴えをなさったのです。

「先生、今は朝ですか？　ずっと寝たままでいると、今が何時なのかも分からなくなります。先生が休みで来てくださらないと、今が朝なのか、夕方なのかもはっきりしなくて、不安で……。先生、できるだけ来て、ここで聖書を読んで、祈ってください」

実に、Kさんとは「一緒に時間を刻んでいく」ということが大事なのだと思わされました。そして、この方にとっては、朝夕に祈るということが本当に必要なのだと気づかされたのです。それからというもの、休みの日も——どうしても時間が合わず、朝早すぎたり、夜遅くなってしまってからということもありましたが——ともかくもKさんとの毎朝夕の病室での礼拝が続くこととなりました。

次第に、夕食の介助をしながらの礼拝ということも多くなりました。日を追うごとに、召し上がる量も少なくなっていかれる中で、「食べる力がない」ことを神への報告とする祈りもありました。またあるときはこんなことも話題になりました。

「Kさん、今日は讃美歌をたくさん歌いましたね。なんか不思議ですよ。今、こんな状況なので、教会でもあんまり讃美歌を歌えなかったりするものですから……」

そう申し上げると、Kさんも目を丸くして驚かれていました。この時期、教会のミサや礼拝が普段どおりに行うことができなくなりつつあったのです。病院の礼拝も、讃美歌はフルコーラスを止め、一節だけの短縮版になっていました。そんなコロナ時代の流れの中で、そこだけ、Kさんのかたわらでだけは、聖書を読み、たくさんの讃美歌を歌い、祈るという営みが続けられていました。それは私自身にとっても、本当に慰められる時間となっていたのです。

「また、明日朝ね！」

Kさんと毎夕祈ってから、そう声を合わせ、互いに手を取ることができるのは喜びでした。

「私たち」を神は導く

ある日の夕方、Kさんのかたわらで詩編23編を読みました。

主は羊飼い、わたしには何も欠けることがない（詩編23・1）。

私は、Kさんに語りました。

「Kさん、この詩の主語は〝主〟、つまり神様ですね。弱くて、力なくて、あっちこっちさまよう私たちを、神が導いてくださる。だから大丈夫だというのですよ」と。何でもないシンプルな語りだったと思うのです。でも、Kさんが真剣にうなずき聴いてくださっていたので、私の心はじんと熱くなっていました。

ふと私は、その後でなした私の祈りがいつもとは変えられていることに気づきました。ふだん患者さんの横で祈る祈りは、「その方のための祈り」だったと思うのです。「神さま、この方と共にいてください。癒やしの御手を差し伸べてください。家族を守ってください。助けてください。痛みが出ませんように」という祈りです。それは間違いではないし、よい祈りであることに違いないと思います。ところが毎日この方と病床で礼拝し、「神が主語なのだ」ということを分かち合ったところでは、それは「〝私たち〟の救いを求める祈り」になっていたのでした。

「神様、私たちを助けてください。私たちは弱いのです。どうすることもできません。でもこうして一緒にあなたを賛美することができて感謝です」

私はそう祈っていたのです。それは患者さんと同じ所に立って、「私たちはすべてをお任せすることしかできないのです」と告白する祈りです。Kさんとの時間の中では、そんな祈りが自然だと思われたのでした。

カイロスを迎えるための時間

数日後、Kさんから、カイロスの言葉が出ました。

「先生ありがとうございました。私は明日、逝きます」

そう言うのです。ずっと関わっていた看護師にも、同じことを言われたそうです。

その翌日は土曜日でした。いつもの休みよりは家を早く出たはずだったのですが、病棟の外階段を上ろうとしていたところで携帯電話が鳴りました。たった今、息を引き取られたというのでした。

教会の牧師さんが来られて、ホスピスのチャペルで簡単なお葬式をしてくださいました。その後娘さんが駆けつけられ、私に謝意を示してくださった後に、お母様を引き取って行かれました。

神はKさんに、その時をお示しになったのです。そしてそのことを受けとめることができるように、関わった私たち皆に、たくさんの、しかし限られた時を与えてくださったのだと思うのです。

26 ない中に見つかるもの

〝日薬〟と〝目薬〟

「ネガティブ・ケイパビリティー」という言葉が、最近、ケアの世界で注目されたことがありました。「ネガティブな（好ましくない＝答えのない）状況に耐えていく力」というような意味になるでしょうか。

医療や介護の現場では、迅速な解決を求められることが多くあります。関わる専門職たちは、そのために一生懸命努力をします。けれども実際には、すぐにはどうにもできないことがあるわけですし、またそもそも解決方法のない事柄や、どうにもならない人間の気持ちもあるでしょう。作家で精神科医の帚木蓬生《ははきぎほうせい》さんが、そんなときこそ、性急に解決を図らず、けれども逃げず、しっかりとそこに居続ける「ネガティブ・ケイパビリティー」が必要になると説いています。そしてそれには、〝日薬〟と〝目薬〟を効果的に用いることが鍵となると提案しているのです。

「日にちを掛けること」と「その間、ずっと見守ること」。これが〝日薬〟と〝目薬〟です。誰かのお世話をするような時も、自分の力不足を感じることがあります。心底途方に暮れる時もあります。でもそんな時ほど、「ただここにいる」ことと、「ここで一緒に同じ風景を見ている」ことのかけがえなさに気づけたらよいというのでしょう。するとあるいは意外な希望が生まれることがあるかもしれないのです。帚木さんの言うように、それは私の実感でもあります。

あの日ふるさとを失って

S子さんは、岩手県の陸前高田で生きてこられた方でした。何もなければ、ふるさとで生涯を終えられるはずだったのです。

「母は女学校でバスケットボールをやっていたんですよ。体を動かすのが大好きでね。八〇過ぎても自転車に乗っていたし、横須賀の家を訪ねてきた時には、主人とゴルフの練習場に行ったりしていましたね」

S子さんが亡くなられたとき、娘さんが思い出を語ってくださいました。女学校を卒業した後は製糸工場で働くなどしたのちに、九歳年上のご主人と結婚。ご主人は板金店を営んでおられたと言います。

「住み込みの職人さんもたくさんいらしたんですよ。家族はいつも内と外の境がないようで、賑やかな生活でした」

娘さんはそう振り返られました。しかし、あの日が突然襲って来たのです。その日は札幌に嫁いでおられるお孫さんがちょうど出産を迎えることになって、同居のお嫁さんがお手伝いに行っておられる時でした。家業を継がれたご長男が家に残って、S子さんはショートステイに預けられました。ショートに行く前夜には、家族みんなが集まりました。S子さんは三月がお誕生月。一週間ほど早く九一歳のお祝いをしたのでした。

二〇一一年三月一一日。津波は、ご長男の命もろとも、お店を兼ねたご自宅をさらっていきました。亡きご主人との思い出も、慣れ親しんだふるさとの景色も、そこに暮らしていた人々も。あまりにも多くのものを失われる中で、ショートステイで助かったS子さんは、横須賀の娘さんを頼り、私たちの特養施設に入居されることになったのです。

家が見たい

「ありがとうございます。お世話になります」

それでも入居されてからは、S子さんは品の良い笑顔とともに、いつも丁寧な挨拶をしてくださっていました。しかし、ある日とうとうこうおっしゃいました。

――「家が見たい」と。

もちろん、この方は家が流されてしまったことを重々ご承知なのです。でも、ご自分の目ではそれをご覧になっていないのです。確かめたかったのだろうと思います。そして、その残酷な事実を、一緒に味わってくれる人を求められたのではなかったかと思います。

準備をして、ご家族と出かけられました。そして、陸前高田の「自宅」の前に立ち、そこでご家族と並んで「それがない」ということを見つめ、その目で改めて確認し、家族の一人として一緒に悲しまれたのでした。

見送った施設のスタッフも、ご旅行の間、ずっと連絡を取り合いました。

「やっぱりなかったよ」

電話越しにその言葉を聞いて、職員も横須賀からその悲しみを分かち合いました。

横須賀にお戻りになったS子さんは、それからの日々を、心から私たちの施設に委ねてくださいました。元来、物事を前向きに考えるご性分であられたのでしょう。この方の人柄に惹かれ、周囲にはいつも人の輪ができていました。ある日、ひ孫さんを連れてお孫さんたちが札幌から来てくださいました。あの悲劇の中で生まれたひ孫さんです。その名前を口にしながらスタッフに紹介して歩くS子さんは、あふれんばかりの笑顔でした。失ったこと、そこにあるべきものがないことを分かち合ってくれた人に囲まれて、S子さんは、その現実を受けとめられたのでしょう。そしてその悲しみの中に、なお平安を見出し、新しい一歩を踏み出しておられたのではないかと思うのです。

空の墓

イエスの墓には、三人の女性たちが駆けつけたと言います（マルコ16・1）。イエスの刑死を遠くから見届けた二人の女性が、「サロメ」（平和）という名の女性と連れ立って、墓を訪れたのです。そして、「その墓にも、イエスがいない」という事実を突きつけられたのでした。彼女たちは「せめて」もの思いで葬りの業に参じたのでしょう。しかしそれすら許されないのは、あまりのことでした。震災後、亡骸にすら出会うことのできないままでおられる方々の思いに重なります。

マルコ福音書は、イエスの復活を蘇生としては描きません。ただ「空の墓」を描き、それを見つめる女性たちの姿を描くだけです。

けれども、一緒に「空の墓」を見つめた時、彼女たちは神の言葉を聞いたと、福音書記者は記します。「あの方は復活なさって、ここにはおられない」（同6節）と言うのです。

「この〝空〟の中にはおられない」と言うのです。

では、いったいどこに？　天使は答えます。

「ガリラヤに！」（同7節）と。

「ガリラヤ」とはイエスや多くの弟子たちの「ふるさと」の名前でした。そこに復活したイエスはいると言うのです。彼女たちはこのとき示されたのでしょう。「ない場所を一緒に見つめてくれる人がいるなら、私たちは思い出せる。自分たちが今まで生きてきた道のりも世界も、決して無駄になったのではなかった」ということをでした。ないことを心底深く分かち合えたなら、そこには決して失われない何かが、今また新たな意味を帯びて立ち上がってくるはずだというこ
とでもあったかもしれません。

失われないものを分かつ

S子さんが九四歳で亡くなる一週間前にも、ご親族が集まりました。S子さんは「職員の方たちにも」と言って、ご親族と同じお寿司を、私たちに提供してくださいました。さらに、「自分が亡くなった時には、これを」と遺言で、ご自身の納棺の日にチョコレートを振る舞ってくださいました。自分一人のことではなく、いつも「皆さんと一緒に」を貫かれた方だったのです。

今般の疫癘災禍《えきれいさいか》は、悲しいまでに「ない」現実を私たちに突きつけました。大切な何かがことごとく切り刻まれました。私たちは自分の非力を痛みつつ、思うにままならない毎日を漂ったことでしょう。

けれども、だからこそ私たちは、その「ない」中に、そして「ないことを分かち合う」中に、失われていない何かを見つけたのではないでしょうか。私たちはいつの時も、悲しみが一人のも

のではないことを確認し、「一緒に」歩きたいと願うのです。それはその時、その「空しさ」の一歩先に「ガリラヤ」があり、復活のキリストが私たち一人ひとりを待っていてくださると信じるからでもあると思うのです。

27　今日を生きるために

時は飛び去る

特養衣笠ホームの正面玄関を入ったところに、一つの柱時計があります。かつて一〇六歳までここで生活をしておられた方のご家族が、記念に寄贈してくださった物のようです。とても立派な時計です。

文字盤のところに、ラテン語で Tempus Fugit ――「時は飛び去る」の銘があります。ヨーロッパでは比較的よく用いられる諺《ことわざ》だそうです。光陰矢の如し、ということでしょうか。二〇〇七年の五月に入職した私は、この時計で初めてその言葉を見たとき、ちょっとドキッとしつつ、「いつになったら、この言葉をしみじみ味わえるような心境になるだろうか」と思い巡らしたものでした。

今、入職して一五年以上が経ち、牧師としての経験も二〇年、洗礼を受けて三〇年という日が過ぎました。それでいろいろと思い返すのでしょうか。本当にいろいろあったな、と。人はった「時」という、人間にはどう制することもできない相手と格闘して、ようやく少しは成長し、また衰え、そうやって他にない唯一の「私」というものを形作っていくことになるのだろうかと思ったりするのです。

初めてのホスピス

それは、初めて病棟という所に足を向けることになった時のことでした。私は入職したての新人。しかも、そのときは牧師でありつつも事務職としての職位だったのです。ふだんは玄関周りのコンシェルジュ的な仕事をしていて、病棟の患者さんと直《じか》に接することはありませんでした。患者さんのケアはその頃おられたチャプレンが行っていて、私にはまだ、自分が病院でキャリアを積んでいくということに迷いのあった頃でした。

けれどもその日は、そのチャプレンが早めの夏休みを取っておられたのだったと記憶しています。ホスピスの師長から、私のところに内線電話が回ってきたのです。「亡くなられた方のご主人が、とても悲しみに暮れておられる。いつもだったらチャプレンが来てくださるのだけれども、お願いしてよいか」と言うのでした。

そして、私は初めてホスピスという場所に足を踏み入れたのでした。病棟の医師や看護師と言葉を交わすのも、その時が初めてでした。担当の看護師が声を掛けてくれました。

「あ、よろしくお願いします。昨日の夜亡くなったのですけれど、ご主人、それから今朝まで、私たちとは話をしてくれないんですよ。ずっと、奥様の横に付いたままでいられて……。牧師さんに来てもらうことだけは伝えてあります」

そんな説明でした。そして病室の前まで案内してもらうと、その看護師が思い出したように、こう付け加えました。

「患者さん、今日が誕生日だったんですよ。一緒にお祝いしようと準備してたんですけどね……」

緊張の中で、ぐんと胸の詰まる思いになりました。

「〝千の風〟でしょうか」

部屋に入ると、ご主人が奥様の横に座っておられました。

「牧師さんに来てもらいましたよ」

看護師の声にそっと頷かれただけで、ご主人は私と目を合わそうともなさいません。

今の私だったらどうするか、と考えます。そっとご主人に近づいていくでしょうか。名乗った上で、「奥様のお顔を見させてください」とお願いするでしょうか。それとも、静かにお顔を見せていただいて、何か感想めいた言葉を口にするでしょうか。でも、その時の私には、「場を神に委ねる」という牧師の基本さえも到底果たせなかったのでした。看護師が続けて、「部屋はこのままでいいですか？」と尋ねてきたとき、それは「臨終の祈り」の要求であると理解したものの、ご主人と「通じるもの」を何も見いだせていない中、ただ「何とかしなければ」と焦るばかりでいたような気がします。

式文も手元にない中、どうにか聖書を読み、とにかく祈ったのではないかと思います。そして、ようやっと声を掛けたのでした。

「今日が、お誕生日だったそうですね」

ご主人は泣き崩れておしまいになられました。そしてそれから、もう一度奥様の方をご覧になって、とうとう口を開かれたのです。

「六〇年と三六四日でした。妻が誕生日を迎えることはありませんでした。でもね、なんだか死んでないような気がするんですよ。これからも。〝千の風〟でしょうか、泣いてばかりじゃいけないですよね」

流行のさなかにあった曲の歌詞を追いながら、どうにかご自分を整えようとしておられるご主人の姿に、かえって悲しみが深まりました。

ご家族と看護師に、「ありがとうございました」と病室から見送られながら、私は自分が何もできなかったことを、じっと味わっていました。言えなかった言葉がありました。「今は泣いてばかりでもいいのではないか」ということでした。

寿命をわずかでも

翌日、私は病院で朝の礼拝の担当でした。聖書日課から、一つの言葉が示されました。

あなたがたのうちだれが、思い悩んだからといって、寿命をわずかでも延ばすことができようか（マタイ6・27）。

やけに辛い言葉だなと思いました。ご主人はどれほどその誕生日の一日を一緒に迎えられるようにと祈り願ってこられたことであったことだろうか、と。

ここで「寿命」と訳されている言葉は、いくつかの翻訳では「身長」と表されています。「自分を大きくする」ということが、この言葉の元の意味なのでしょう。そして「大きく見せよう」とする営みが、どれほど「小さきもの」の視点を離れていきやすいものであるかと、イエスは問いかけていたのだったでしょう。「空の鳥」、「野の花」、「働きもせず、紡ぎもしない」ものたち。いや、天にも地にも、「働こうとしてもその働きが届かず、紡ごうとしても何の手立てをも持ち合わせないものたち」が今日もいっぱいうごめいているではないかと思うのです。それなのに、神は「それでも、彼らを養っている」と言うのです。それどころか、「そんな小さな彼らをこそ、愛し、大事にしている」とまで言うわけです。

ここには、逆説があると言うべきでしょうか。その愛する者のかたわらにあって、心から、「ほんのわずかでもよい。一日でもよい。その命を長らえさせて欲しい」と願う者だけが、今日の命のかけがえのなさを味わうことができる、ということです。自分がいかに力ないかを知ったものこそが、神の愛を受けとめるのかもしれないと思わされました。

「明日は炉に投げ込まれる野の草」が咲き誇っていると言います。六〇年と三六四日目を迎えられたその日、奥様は何を思っておられたことでしょうか。その日がかけがえのないものであったことは確かです。少なくとも、そこにご主人の愛があったことは疑いがありませんでした。

時を生きて

このご主人の悲しみが癒えるには、途方もなく長い時間が掛かるだろうなと思いました。「今日の思いわずらい」だけで精いっぱいの日を重ねていかれるのだろうなと思いました。

あの日から一五年。ご主人は今、何をなさっておられることでしょうか。

私は、今、あの一日のことを思い出します。私も、あの日から一五年を重ねてきたのでした。

たった一日の、その日の重みが、長い年月の意味を与えてくれるようなことがあります。そして、一日の無力さによって、不思議に人のつながりを思い、神の大きな導きを思うことへと誘われることがあるように感じるのです。

だから、明日のことまで思い悩むな（同34節）。

自分を大きく見せようとするのではなく、今日の小ささをしっかり味わうこと。そうしてこそ、今日を一生懸命に生きる人々と、一緒に明日への希望を語ることにもなるのかもしれません。その小ささによって私たちは神を愛し、人を愛することができるようなっていくからです。「一緒に」歩きたいと願うのです。それはその時、その「空しさ」の一歩先に「ガリラヤ」があり、復活のキリストが私たち一人ひとりを待っていてくださると信じるからでもあると思うのです。

28　哀しみからの求め

照らし出される哀しみ

目を覆いたくなるような国際情勢の報道が連日届けられるようになった二〇二二年の三月半ば。夜、いつものように娘と散歩に出かけると、中学の卒業式を控えた彼女が煌々《こうこう》と光る月を見上げて言いました。

「あの月、きっとウクライナの人たちも見ているんだろうね」

ああ、そうだな、と思いました。本当に美しい月です。「うん、きっと見ているだろうね」と私は言いました。そして、きっと、ロシアの人たちも見ていることだろうと思ったのでした。胸がきゅっと痛むのを感じました。

私はふと、長崎・外海にある「沈黙の碑」に刻まれた遠藤周作の言葉を思い起こしました。

「人間がこんなに哀しいのに　主よ　海があまりに碧いのです」

人間の罪深さと哀しさ。それを我が事として突きつけられるとき、私をさえ生かしてくれている自然が、あまりに美しすぎるような気がします。そこではどんな言葉も空しく響くかもしれません。しかしそれでも私たちには、そこに生きるいのちの尊さを確認し、神の沈黙にも聴き、言葉を奪われた人の声に耳を傾けることが求められています。ある意味では、今こそ、新しい言葉を紡ぎ、哀しみに光を当て直し、希望の端緒を求めていかなければならないようにも思うのです。

美しさと淋しさ

その方は山口県出身の方でした。傘寿を少し超えた頃の女性でしょうか。その日病室を訪ねていくと、『赤毛のアン』シリーズを読んでおられるところでした。

「あら、読書中でしたか……」

「いえ、どうぞ。これ、全部で一一シリーズもあるんですよ。これは第七巻。もうしばらく楽しめます」

本が大好き。だいぶ処分したけれど、家は本だらけだったと教えてくださいました。

「本好きは、子どもの頃からですか?」

「ええ、昔はね、『少女倶楽部』なんかを回し読みしたりして。物がない頃よ。私ね、学校は辞めてるんです。病気になって。それからは、わりとひとりぼっちだったのね」

「肺、ですか?」

「そう、結核ね。五年くらい療養したかしら」

「そうでしたか……。その頃って、どんなことを考えていらしたんですか？」

「そうねぇ、なんか、自分が周りの人を邪魔しているような気がしてたわね。最初の入院は一年くらい。きれいなところなんです。だいたい、療養所ってそういうところにあるのよね。大島の見える海岸。毎日毎日、水平線に美しく沈んでいく夕日を見ていたわ。本当にきれいだった」

私の目に、その光景がまるで映画のシーンのように浮かびました。私は言いました。

「なんか、美しすぎるって、哀しいですね……」

美しい日没の風景とベッドの少女。その対照にじっと胸を詰めました。この方は答えられました。

「そうね、哀しい。でも、人生は不思議。どうなるか分からない」

読めない人に言葉を

この方はおっしゃいました。

「きっと淋しかったからこそ、本が支えになったのね。読める作品は、どんどん戦時色の強いものになっていったけど……」

この方の療養生活は「ずっと戦争だった」という少女時代に重なります。級友が危険に曝される中、この方はひとり療養所で身を横たえておられたのでした。

「そう。だから三つ年上の夫は、今もときどき軍歌を懐かしんだりしているみたいだけど、私は嫌なんです。あの頃のことを思い出して」

戦争が終わって自由に本が読めるようになったことは、本当にうれしいことだったそうです。

「『どうなるか分からない』って言えばね、中東には〝インシャラー〟（アッラーの思し召し）っていう言い回しがあるんですって。夫は現役の頃、仕事でよくあちらに出かけたりしていたのですけど、その度にそれに振り回されました」

ご主人は大手鉄鋼メーカーにお勤めでした。

「〝インシャラー〟で全然仕事が計画通りにはいかないの。一度出張に出かけると、帰ってくる予定はまったく当てにならない（笑）。でもそれで、私、かえって自由に時間を使わせてもらうことができたのね。点訳のボランティアは、そうね、三〇年くらいしたかしら。大好きな本を、目の見えない方にも届けられるのがうれしくて。不思議でしょ、ただ夕日を眺めていることしかできなかった私が、言葉を必要としている方に本を届けられるようになったって……」

なるほど、そのことまで含めて〝神の思し召し〟、であったのだろうかと、一緒に思いを巡らしたことでした。

人にしてもらいたいこと

私たちは、思いも寄らないことに振り回され、どのような未来像を描けば良いのかさえ分からなくなってしまうことがあります。祈りが空しく感じられる時があり、神の沈黙に苦しむ時があります。しかしイエスは、それでも神は、人の真実な願いと求めを必ず受けとめてくださると群衆に教えたのでした。

求めなさい。そうすれば、与えられる。探しなさい。そうすれば、見つかる。門をたたきなさい。そうすれば、開かれる。だれでも、求める者は受け、探す者は見つけ、門をたたく者には開かれる（マタイ7・7－8）。

イエスは、神は「求める者に良い物をくださる」（同11節）と言うのですが、それは決して、神が人間の欲望を万事満たすという意味ではありません。イエスは、この箇所に先立って、「何よりもまず、神の国と神の義を求めなさい」（6・33）と教えていたのですから、それは、「神に与えられたいのちを、皆で支え合い、共に生きていくための道をこそ求めよ」との命令であり、平和への約束であったはずです。

イエスの語りかけを聞いていたのは、およそ貧しく、権力と程遠い人々であったのではないでしょうか。中には、病を抱えていた人があり、虐げられたり、のけ者にされていた人があったかもしれません。そんな人々に向かって、彼が道を示したのでした。「あなたたちこそ、世の哀しみを知っている人々だ。沈黙の残虐さを知っている人々だ。だからこそ率先して求め、分かち合いなさい。『人にしてもらいたいと思うことは何でも、あなたがたも人にしなさい』（7・12）」と。きっと「切実な必要を知る者の求めこそが、正義の道を示し、真の平和を生み出すことになるはずだ」ということだったのでしょう。

言葉を求めて

孤独を味わったこの方は、たくさんの本に言葉を求めた人でした。だからこそ、やがてご自身が言葉を届ける人になったのではないかと思うのです。私はある時、尋ねてみました。

「ご自身で本を書いてみようという気にはならなかったですか？」

この方は答えられました。

「書こうと思ったことはあるんです。でもそれには、私、言葉を知らなすぎました。学校、行けませんでしたから……」

重ねて、哀しみが私の胸に迫りました。

「あの時代に生まれたのでなければ、そしてあの病気にならなければ別の道があったのかもしれないけれど……」

この方は、そう付け加えられました。私はふと美智子上皇后の歌を思い出しました。

「かの時に我がとらざりし分去《わかさ》れの 片への道はいづこ行きけむ」

口ずさむと、「まぁ、美智子さまがね……」と、とても関心を示してくださいました。紙に書いて差し上げました。大変に喜んでくださいました。そして、その紙切れは、この方の旅立ちの日まで、床頭台に大切にしまわれていたのでした。

書く言葉は、この方に与えられなかったかもしれません。それは「片への道」でした。でも届ける言葉は、この方の人生に確かに与えられたのでした。今、世で求める人々がいるなら、そのつながりは私たちの「哀しみ」を通しても与えられる――その不思議を教えてくださる方だったように思うのです。

29　感謝の相手

客もあいさつ

短い期間でしたが、ドイツの日本人教会に赴任したことがあります。日本とドイツの習慣の違いには、いくつも驚かされたことでしたが、その中で強く印象づけられたのは、お店に入るときに、必ず客からもあいさつをする、ということです。

入店するときは、「グーテンターク（こんにちは）！　ちょっと見せていただいていいですか？」と店員に断るのです。そして、買い物が終わると、店員と客がお互いに「ありがとう、また会いましょう！」と声を掛け合って別れます。あるいは、タクシーに乗るとき、客は運転手に「乗せてもらっていいですか？」と許しを得てから助手席に座らせてもらい、横で運転手と会話を楽しみつつ目的地まで行きます。そして到着すると客の方から「ありがとう、よい一日を！」と言って、運賃とチップを渡すのです。

昔は日本も違ったのでしょうか。でも今、日本の客たちは黙って店内を眺めては勝手に出て行き、タクシーでは後部座席にふんぞり返っています。たしかに日本式の「お客様は神様」から生まれる気遣いのサービスは世界一だと思うのですが、一方では店員も客も同じ人間だという感覚が希薄になってしまっている気がするのです。対照的に、ドイツでは今も、対価を渡す側であれ受ける側であれ、基本的には人間同士の触れ合いであるということを当たり前に受けとめているのではないでしょうか。単に商業上の慣習やマナーの問題としてではなく、同じ人間としての「触れ合い」のために生まれるあいさつが、この国ではもっとあって良いような気がしています。

舐めるような視線

その方は、私がまだホスピスでの働きを始めたばかりの頃に出会った方でした。

初めて、その方をお訪ねした日のことです。私は半分開いている扉をノックした後、ゆっくり部屋に入り、語りかけました。

「こんにちは。初めまして。この病院で牧師をしている大野と申します」

私としては、いつもと変わりなく、特段の慇懃《いんぎん》さはないものの、落ち度なく、十分丁寧にあいさつをしたつもりでした。ところが、その方からは返答がありません。代わりに、私はその方から一つの視線を感じたのでした。

それは、上品な表現ではないですが、「舐めるような視線」でした。私の足のつま先から頭のてっぺんまでをゆっくりと視線を這《は》わせていかれたのです。

私は相当に戸惑ったのを覚えています。正直に言うと、気味の悪い目の動きでした。ものすごく警戒されている感じです。値踏みされているような気持ちにもなりました。すると、その方がやおら、こうおっしゃったのです。

「すまないけど、もう私もこういう状態だしね、本当に信頼していいと思える人としか、言葉を交わしたいと思わないのでね」

ぎょっとしました。重く感じました。そして、この方のお気持ちを思うと、自分ではお眼鏡に適わないのではないかとも思いました。這々《ほうほう》の体でその場を失礼した私であったのではないかと思います。それが、この方との出会いでした。

「〇キリスト」

転機となったのは、バイオリニストの千住《せんじゅ》真理子さんが病棟に来てくださったことでした。夕方のニュース番組で、千住さんのショートドキュメンタリーを放送することになり、千住さん自身が、以前にボランティアでお出でくださったことのあるこのホスピスでのシーンを撮影するように提案してくださったのです。病棟ではその再訪を受け、〝棚ぼた〟の演奏会が開かれました。そして、その患者さんもストラディバリウスによるバッハを一緒に聴いたのでした。大興奮でした。なんと千住さんの大ファンでいらしたのです。訊けば、毎週欠かさずラジオで千住さんの番組を聴いておられるというのでした。この方にとっては、間違いなく、それは神様からの狙い撃ちされたプレゼントでした。

それからというもの、その方は私がお邪魔したときには、椅子を勧めてくださるようになりました。そしてとても造詣が深くていらした文楽や能といった古典芸能やクラシック音楽の話などをしてくださるようになったのでした。よい時間をご一緒させていただきました。

それからふた月ほど経ったでしょうか。あるとき私は、だいぶ弱くなられたその方から、名指しで病室に呼び寄せられました。「何事だろう?」と思いつつ部屋に伺いました。そしていつものようにベッド脇に座らせていただくと、この方は細い声で、

「ありがとう」

と言って手を出されるのです。驚きました。私がその手を握ると、ご自分の方へたぐり寄せられるので、そのままその方と抱き合うような格好にさえなりました。続けて「メモ用紙をくれ」と言われるのでお渡ししました。するとこの方はそこに「キリスト」と書いて、その上に〝〇〟を付けられたのです。

重ねて思い返しますが、私はこの方に感謝していただくような何かをしたのではありません。あるいはキリスト教の話をした覚えもなかったのでした。この方が「ありがとう」と言われたの

は、もっと大きなことに対してであったはずです。この方の旅立ちが近づいていたのでした。この方は、ご自分の「終わり」を感じながら、ご自分の人生が感謝すべきものであったことを、誰かに伝えおきたいと思われたのではなかったでしょうか。そして私は、そのお相手の役割を、たまたまそこに居合わせた者として、この方からいただいたということだったと思うのです。

神が働く

私を値踏みしておられたこの方が、感謝の気持ちを伝える相手に私を選ぶようになられたのは、私の力ではありません。とするならば、それは神の働きであったと言わなければならないことなのかもしれません。そう思うとそれは、そのような関わりを許された私にとっても、大きな感謝でしかないのです。

使徒パウロは、テサロニケの教会の人々との出会いを振り返り、こう書いていました。

このようなわけで、わたしたちは絶えず神に感謝しています。なぜなら、わたしたちから神の言葉を聞いたとき、あなたがたは、それを人の言葉としてではなく、神の言葉として受け入れたからです。事実、それは神の言葉であり、また、信じているあなたがたの中に現に働いているものです（一テサロニケ2・13）。

パウロは「夜も昼も働きながら、神の福音をあなたがたに宣《の》べ伝えた」（同9節）とも書いているので、そのパウロと私を比べるのはおこがましいことかもしれません。でも神が働かれるとき、隣人の喜びの瞬間に、不思議と立ち合わせてもらうような出来事が起こるのも、事実なのではないかと思うのです。そのとき私たちは、たとえば「チャプレン」というような肩書の評価を遥かに超えて、ただ欠けだらけの一人の人間として他者に伴い、一緒に感謝することが許されていくのでしょう。そのことへの喜びが、神へと戻っていくのです。

「ありがとう」の連鎖

その患者さんは、「キリスト」の上に〝○〟を付けられたのに続けて、ある仏教宗派の開祖の名前を記し、その上に〝×〟を付けられました。これにはちょっと困りました。でもそれは、本気でその開祖をけなすというより、私へのリップサービスの一つだったのかもしれません。たしかにその方は、そのとき、茶目っ気たっぷりの目をされていました。

私はこの方に「ありがとう」と言っていただいたのでした。だから私もお別れするとき、その方に、「ありがとう」と言いました。私は警戒されるべき相手であったのに、神はこの方の旅立ちに合わせて、その心を「感謝」の気持ちで整えてくださいました。そしてこの方の心を、ご自分の生涯を良いものであったと思えるものに導いてくださったのだと思うと、なおさら私も大いなる神への感謝で心が満たされるのでした。

30　一人を思って天につなぐ

正義と慰め

二〇〇一年九月。四機のハイジャック機がアメリカで同時多発攻撃を行うのを目撃した時、私たちは「二一世紀も戦争の世紀なのか」と沈鬱な気持ちになったのではないかと思います。当時私は神学生でした。

事件から間もない夜、地区の教会が集まって緊急の「祈りと学び」の時を持ちました。第一部で追悼の礼拝をささげ、第二部で中東の宗教文化史に詳しい講師から話を聞き、事件の背景を考える集いとしたのです。

私がショックだったのは、第一部の礼拝を行うことに反対した人たちがいたことでした。「悪いのはアメリカであって、彼らのために祈ることは欺瞞ではないか」と言うのです。一部の人たちは露骨でした。礼拝中、示威的に外に出て行っては屯《たむろ》してタバコを吸い、第二部になると戻って来て、その鋭い問題意識を会場に提起したのです。

その後のアフガニスタンやイラクで起こったことを思うと、その人々があの夜示してくださった視座は確かであったと思います。しかし今も私は、あの時のことを思うとどこか悲しくなるのです。教会には正義への連帯が求められます。でもそれは、今傷ついている、その一人ひとりの悲しみを受けとめ、死を悼み祈るところからしか始まらないのではないかと思うからです。その日からずっと、「本当に正しいこと」と「目の前の人への慰め」とをどうつなぐのかという課題が、私には問われ続けているように感じています。

手ぬぐいになった弟

その方は大正一二（一九二三）年の一月にお生まれになったのだそうです。「震災の年ですね」と話を振ると、「親は大変だったみたいです。私を背負って竹藪に逃げたら毛虫が落ちてきたって」と語られました。

女学校を出る直前、そのまま母校に残ってくれと頼まれたのに応じ、代用教員として働かれました。

「男の人がみんな戦争に行ってしまった時代ね。わざわざ校長先生が、学校からひと山隔てたところにあった家まで挨拶に来てくださったのよ」

父も兄も海軍軍人。弟さんが小さかった頃、お兄様は口癖のように「兄ちゃんが守ってやるからな」と言っておられたそうです。

その弟さんが、招集されて特攻に出られたのでした。わずかな訓練の後に硫黄島へ飛び立った弟さん。けれども敵艦への突入はあたわなかったのでした。その前に撃ち落とされて落命されたようです。

「一九歳でした……。戦争が終わってしばらくしてから、〝遺骨〟が届いたから取りに来いというので行きました。普段使いの風呂敷を持って、普段どおりの格好で来いと言われていました」

「普段着でですか？」

「そう、その箱を抱えてもいけない。さっさと包んで、ぶら下げて帰れ。アメリカが見ている。泣いたりするな。刺激してはいけない。そう言われていました」

この方は、必死に気持ちを抑えて家まで帰ったそうです。そしてその箱を開けたと言います。

「中には、手ぬぐいが一本だけ入っていました」

海に沈んだのだから骨がないのは当然だと注釈を入れながら、この方はそうおっしゃいました。そして出撃直前まで持っていた手ぬぐいだとの添え書きもあったそうですが、本当かどうかは分からないとも付け加えられたのでした。

「政雄です」

「初めて、こんなこと、人に話しました」

話が一息つくと、この方はそうおっしゃいました。私は、尋ねてみました。

「弟さん、お名前はなんとおっしゃるのですか」

するとすぐさま、この方ははっきりと、

「マサオです」

と答えられました。

「どんな字を書かれるのですか」

「政治の〝政〟に〝オス〟と書いて政雄です」

と、そんなやり取りが続くと、この方は目を真っ赤にして涙を流されたのでした。あの日から何十年も経っています。その中で、この方が弟さんの名前を口にすることは何度もおありだったことでしょうか。しかしその名前は、もちろんのこと、いつもこの方の胸の中にあったし、それを尋ねられて、今一九歳の青年の姿がありありとこの方の眼に蘇ってきておられたのではなかったかと思うのです。

「政雄さんですか……」

私もこの弟さんの名前を口にしてみました。すると自分でも驚くような思いが胸を襲ってきました。――「政雄さんは、何と無念であったことだろうか、せめて、敵艦に突っ込み、敵を一人でも多く殺し、その本懐を遂げることができていたら、きっと大いに報われたのに、本当に何と無念であったことだろうか」と、そう思ったのです。

そこには、たった一人の弟の死を思い続けてこられた、このお姉さんの物語がありました。その方の話を伺い、その弟さんの名前を口にして、そしてだからこそ、一人の青年の命を全くの無駄に失わせてしまった罪への悲しみも、胸を衝いて来るのでした。その弟さんの名前を分かち合うことによって、私たちはそこで、そのあまりに若かった政雄さんの死を、ご一緒に悼んだのだと思います。

地上でつなぐことは天上でも

私は、「名前」というのはとても大事なものだろうと思います。それは一人ひとりの人柄や人生に向き合うためのしるしになるからです。

ペトロに対してイエスが、「いろんな人がいろいろと私のことを言うけれど、お前は私を何者だと言うか」と問われたとき、ペトロは「あなたはメシア、生ける神の子です」（マタイ16・16）と答えたことがありました。「あなたこそ、本当のいのちの本《もと》だ」というわけです。するとイエスはこう言います。

あなたはペトロ。わたしはこの岩の上にわたしの教会を建てる（同18節）。

それまで「シモン」あるいは「シメオン」（耳を傾ける者）と呼ばれていた彼に、「ペトロ」あるいはアラム語で「ケファ」という新たな名前を与えられたというのでした。これは「岩」という意味です。

このやり取りの後、ペトロはイエスを裏切ることになります。弱さのゆえにです。しかし、その弱さを担っているペトロに対してこそ、「あなたが岩となっていくであろう」と言うのです。それはある意味で、「たくさんの破れを知り、自分の弱さを知った後のあなたこそが土台となり、悲しむ者たちの共同体を率いることになっていくであろう」という予言だったのではないかと思います。

この地上には罪があります。そしてそのゆえに、悲しみもあるのです。その大きな罪の物語とここで起きている悲しみの物語とをどうつないでいくことができるかが、私たちに問われ続けることとなっていくでしょう。だからこそ、そのことに向き合うために、イエスはここで「つなぐ」また「解く」というキーワードを示し、シモンをペトロと呼び、「あなたに天の国の鍵を授ける」（同19節）と言われたのではなかったかと思うのです。

忘れることと忘れないこと

弟さんを亡くしたその方は、やはり軍人であったご主人の郷に、戦後ひとときお住まいになりました。舅《しゅうと》から「息子は戦争で大変だったんだ。ゆっくり釣りでもさせてやりたい。あなたは内地でのらりくらりしていたんだから、これから働け」と言われたと言います。

どれほどお辛いことだったでしょうか。ひとしきりの涙の後に、でも、こう言われました。

「私ね、今はもう頭空っぽで、入れてもすぐに忘れるのよ（笑）」と。

この方が「忘れておられること」と「忘れないでいること」との間には、本当に深い悲しみが横たわっていることでしょう。私たちはこの女性の悲しみを受けとめることで、初めて天の慰めの深さにも出会うことになるのかもしれません。この方の語られた「政雄さん」という一人の青年の名前を記憶し続けることから、真実の平和が始まるのではないかと、私には思われるのでした。

31　届かぬ思い

祈る人

高校生の頃だったでしょうか、母が祈っている背中を見たことがあります。

母はキリスト者でしたから、それまでも幾度となく祈っていたのでしたし、食前や就寝前に祈る姿は日常の光景でさえありました。しかしそれは、そういう普段の祈りとは別次元の、特別な情景として、私の記憶に刻まれたのでした。母は、和室の灯《あか》りを落とし、窓辺の奥に坐して、夕闇の中、独り祈っていたのです。

その時の祈りについて母と話したことはありません。父には病がありましたから、そのことで祈っていたのかも知れません。少なくともそれは、母に何か、その力を超えた大きな困難があって、誰にも話せない胸の内があったことを示していました。私は神を信じていたわけではありませんでした。しかしあの夕、私は神を信じる人の真実については疑うことができなくなったのでした。それはある意味で、今も牧師である私の、何か原点となっている出来事であったような気がしています。

きっと人は、自分の無力を知って初めて真実に祈るのでしょう。誰にも言葉が届かぬ事に途方に暮れて、ようやくそれを神に委ね始めるのです。闇のような世にあっては、祈ることでしか、その思いを誰かに届けることができないと思うからでもあります。

「あなたの来訪目的は何か」

心を閉ざしてしまったように感じられる方がありました。まだ六〇代。肺がんからリンパ節に転移して食道が狭くなり、飲食が難しくなっている方でした。窓にはいつもカーテンを引き、ほとんど灯りを付けることもありません。チャプレンは「訪室不要」とされていました。入院当初から、タオルセットの使い方やエアコンの効き方のことなどでひと悶着あった方です。

この方とどう関わったら良いのか、多くのスタッフが腐心していたようです。それでは立場の違う私が訪問してみたらどうだろう？　——看護師の意見も聞きながら、「訪室不要」の禁を犯し、恐る恐る「牧師です」と言ってお訪ねすることにしたのは、この方が入院して一週間後のことでした。

「こんにちは、Dさん。牧師要らないと言われていたのですが……」

私としては、その「要らない理由」を直接聞いてみたいような思いもありました。

「はい、言いました」

Dさんは即座にそう返されました。それは非難と用心と挑戦が込められたような拒絶でした。

「皆が心配しているようなので……」

私は、〝どんなご心配があるのか、直接伺いたいと思って〟と続けたかったのです。しかしDさんはそれを遮るように、

「なぜ心配するのか」

と、こちらの接近を否み、そして呟かれました。

「まったく業《ごう》だね。食べたくて仕方がないんだ。今、ネットで動画を観ていたが、食べ物のことばかりだ。でも食べてしまうと相当にきついことになる。食べられないんだ。こんな地獄はあるか。先週はね、ここへ来る時期を間違えたと思っていたよ。まだ頭ははっきりしているし、体も動く。ここでは私は異端児なのだろう」

さあ、私は会話の糸口をどうつかんだものでしょうか。

「家に帰ることは考えられましたか？」

しかし私の口から出たのは、全くの不用意な問いでした。Dさんは語気を強くされました。

「帰ることでどんな解決がありますか。やはり厄介者なのか。今日の医師の言葉にも、はっきりとは言わないけれど、厄介だとの気持ちが滲んでいたよ。在宅とおっしゃるけれど、そう簡単

ではない。誰が私の世話をすると言うのか。だんだん体力がなくなってきているのを感じる。昨日も眠れない中、何度もトイレに行って、ふらふらになっていた。それを、在宅などと簡単に言わないで欲しい。そもそも、今日のあなたの来訪目的は何か?」

答えに窮する私を尻目に、Dさんは逆流するらしい胃液と痰とを、器に吐き出されたのでした。

最後の晩餐

「ごめんなさい。そういうつもりではなかったんです。私は在宅をお勧めする立場ではありません。Dさんのご病状やご生活を詳しく知っているわけでもありません。ここに来る時期が違ったとおっしゃったので、そう聞いてみたのです。ごめんなさい」

私は言い訳をしました。とにかくも「悪かった」との思いは伝えたいと思ったのでした。Dさんは続けられました。

「昨日は眠剤が足りなかったのではないか。なのに医師は『ちゃんと確認した』とか『効かなくなることもある』とか言う。不信感が募る。私の感じたことをそのまま受けとめて欲しい。『ごめんなさい』と言って欲しい。そしてお互いに『ごめん』と笑い飛ばしたい。もし私に悪いところがあったら言ってください。人は間違えたら、謝って直さなければならない」

そこまで言うとDさんは、一呼吸置き、それからやがてこう言われたのでした。

「あぁ、もう一気に腸が破裂してしまえば、とさえ思う。早く意識が無くなるくらいまで体が弱るように……ただそのことだけを願って、今は絶食しているんだ」

私は、言葉を失いました。Dさんにとって、死は希望でさえあったのです。そしてDさんは士《さむらい》のように独りで死んでいこうとされていました。私は打ちのめされつつ、何とか、その胸の内を受けとめようとしました。

「あの、Dさん、こう質問しては失礼でしょうか――もし、もしですよ、今、好きなだけ最後の晩餐を召し上がるとしたら何を？」

するとDさんは天を仰ぎ、嗚咽《おえつ》の声を漏らされました。そしてそのひと言を絞り出されたのです。

「そ、それは……それは一番の質問だ！」

私はしばらく、そのお姿を見守りました。少し入り込みすぎた気がしました。

理解できなかった罪をも委ねて

最後の晩餐を終えたイエスは、弟子たちの無理解の中、独りゲツセマネで祈られました（マルコ14・32以下ほか）。イエスは「この苦しみを取り除いて欲しい。しかし、御心が果たされるように」と祈ったというのです。

しかし、この時の祈りを、いったい誰が聞いていたというのでしょう。そして誰が聖書に書き記したのでしょう。弟子たちは離れて寝ていたのです。ペトロたちが聞いたのは「眠っているのか」との落胆の声と「もうこれでいい」との赦しの言葉だけです。

私は思うのです。きっと弟子たちはその「落胆」と「赦し」との間の出来事について、後で真剣に考え直したのでしょう。そしてすべてを神の時に委ねたキリストの姿を見たのでしょう。そのとき彼らは、ここに記されているイエスの祈りを、はっきりとその耳に聞いたのではなかったかと思うのです。そして「復活後」を生きた彼らは、今度は自分たちに対する周囲の無理解を神に委ねようとしたのでしょう。その誓いがこの聖書単元なのではないでしょうか。彼らもキリストとともに、祈りで断絶を超えようとしたのです。

結局届かなかったけれど

結局、Dさんから「最後の晩餐」の希望を聞き出すことはできませんでした。私は改めて、うかつに在宅療養の話をしたことを詫びました。Dさんは言われました。

「自分が悪かったと思える人はそれでいいですよ。成長しますから」

私は赦してもらえたような気持ちになりました。しかしDさんは続けられました。

「まあ、これくらいにしましょうか。あなたと話したい気分ではないので」

やはり、私の思いは届かなかったのかもしれません。Dさんの本当の胸の内も私には理解されなかったことでしょう。それでもDさんがいなくなった今、私はちぐはぐだったDさんとのやり取りを思い出します。そして祈るのです。「Dさんのたましいが平安でありますように」——「Dさん、ごめんなさい」と言いながら。

32　任せること、任せられること

家族は厄介だけれど

新型コロナウイルスが蔓延するようになってから、圧倒的に患者さんのご家族との会話時間が減ってしまいました。以前なら、ご家族が病室に見えていると、あえてその場に入らせてもらい、その関わりの中に置かれている患者さんの人となりを垣間見させていただいたものでした。しかし、この原稿を書いている今は、一般の病棟では、病院からの呼び出しがあったとき以外、面会は一切許されていません。全室個室のホスピスでも、「家族のみ、一度に三人まで、一〇分以内」という厳しい制約が敷かれています。その一〇分にいらしている方を見かけても、せっかくの家族の時間を邪魔してはいけないという思いになってしまいます。

本当は、家族といっても、お互いにいろんな感情を抱いているものでしょう。家族だからできることや許せること。そして家族だからできないことや許せないこと。家族はなかなか厄介です。でも愛情と憎悪を絡めながら、さまざまな意味で、その人の深いところに陣取っているものの一つが、家族という存在ではなかったかと思うのです。そう思うと、早くあの時間が病室にも取り戻せるようにと願われてなりません。

私はお墓を買うだけ

その三〇代のMさんは、お父様を憎んでおられました。最近お母様との離婚が成立したことについても、「良かったと思う。親は喧嘩ばかりしていたから」とおっしゃるのでした。

「ご病気はいつからですか?」

そうお尋ねすると、Mさんはスマートフォンのカレンダーを開いて言われました。

「二〇一七年一月、〇〇大学病院に初診。ああ、私、この大学出身なんですよ」

几帳面なこの方は、病歴のすべてを小さな端末の中に残しておられたのでした。母親のお兄様は国立大学の教授。その伯父の勧めで、医学部を有するその私立大学に進学したことを誇りに思っておられました。それは、自分はとにかく母方の親族の影響が強いのだと、どこかご自分に言い聞かせておられるようでもありました。

「ファッションもね。亡くなった祖母がおしゃれで。それをいつもまねしていました」

カトリック女子高校から大学、そして大手のシンクタンク勤務の後、ヘッドハンティングで今はとある監査法人にお勤め。三〇代としては華々しい経歴でした。

「今、問題となっているあの会社。私が担当するはずだったんです。ニュースを見ていて、すごく残念で。自分は関われない」

でも、そう語られるMさんは、まるで毒気がなく、淡々とした口調なのでした。

「健診でひっかかって。それからはあっという間でした。ライフサイクルが狂ってしまいました。友だちは気を遣ったのかもしれないけれど、どこか私を遠ざけるようになって。仕方ないですよね、彼女たちは家庭を持ったり、子どもを育てたりするために稼ぐのですけれど、私はお墓を買うためだけになってしまったんですから」

「Mさんにも、結婚の予定はあったの?」

私はぶしつけに質問をしました。

「ええ、それもあったのですけれど、進まなくなってしまいました。彼、今も心配して連絡はくれるのですけれどね」

私はしんみりして、「これからもつながっていられるといいね」とだけ答えたのでした。

「もう、比べたり、競ったりすることがなくなってしまったので、自然でいられるようにするにはどうしたらいいか——そんなことを考えています。時間はあるので、考えたい。そのために聖書が役に立つなら、勉強もしたいと思います」

そう付け加えられたMさんは、どこまでもまっすぐで、勉強熱心な方でした。

おむつを替えさせてもらって

その後一度退院されて、一カ月ほど自宅で過ごされた後に、Mさんは再入院されました。その頃には、私が伺ってもお休みになっていることが多くなりました。

「眠っていると楽?」

と私が尋ねると、

「うん、起きてるといろいろ気になっちゃって。あまり理路整然と話せなくなってきたし」とおっしゃるので、

「後はもう、いろいろ任せてもいいのかもね」

というようなことを伝えたこともありました。

ある時、Mさんのお母様と談話コーナーで話をしたことがありました。

「M子が生まれたとき、私、まだ学生だったんです。私の母という人は、私に対して、今思うとネグレクトだったんじゃないかしら。汚れた服のままで学校に通ってたし。だから、私、親というものがどうやって子どもを育てるのかも分からなかったのね。それで夫の母親にはずいぶん支えてもらったの。そんな私だったのに、この子が立派になってくれて。M子、ようやくここまで来たのにね。ほんとうにがんばりやさんの、Mさん……」

お母様はそうおっしゃって涙ぐまれました。お母様自身が、どれほどMさんの存在に支えられてきたことだろうかとも思われました。

「Mさんはご自分のことを信じている人であるような気がします。周りをよく見ながら、でも周りに流されることなく、自分は〝これ〟と信じて生きてこられた。だから、それで側にいる人はMさんと一緒にいると安心する。そんな気がします」

私はそう言いました。するとお母様はおっしゃいました。

「ありがたいことですね。そうそう、今、私、M子のおむつを替えさせてもらっているの。子育てに困った私だったのにね。この歳になって、またこの子の親をさせてもらっている。不思議だけれど、ちょっとうれしいんです」

〈また、親にならせてもらった……〉

哀しみの中で、そんな平安が場を包んでいました。

形ではなく、正直に

辛くても、厄介でも、そのことを通じて、自分は自分のいるべき場所を与えられていく――そんなふうに感じることが、私たちにはあるのかもしれないと思うのです。

イエスが、ある時、父親を亡くした人に「わたしに従いなさい」と声を掛けたことがありました（ルカ9・59）。その時、その人は「主よ、まず、父を葬りに行かせてください」と答えるのですが、キリストは「死んでいる者たちに、自分たちの死者を葬らせなさい。あなたは行って、神の国を言い広めなさい」と命じられたというのでした。

一見冷酷に聞こえるこのやり取り。しかしイエスこそは、早くに父親を喪う体験をし、その哀しみを知る一人であったのではないでしょうか。この言葉はむしろ、社会的な儀礼以上に、自らの哀しみに向き合い、それをこそ他者とていねいに分かち合うことの大切さを教えたものと私には聞こえるのです。

「形のことは人に任せて良い。あなたは哀しみを知った。だから、そのことを大事にして、人と関わり直してごらん。そうすれば、あなた自身の生きる場所を、また新たに見つけられるはずだよ」

イエスはそう教えられたのではなかったでしょうか。

この子が亡くなったら連絡しよう

「この子が亡くなったら、夫の母に連絡してみようと思います。ほんとうにお世話になった人ですから」

お母様はそう語られました。あとで私はMさんに、お母様がそんな話をしておられたことをお伝えしました。Mさんはこくんと頷いておられました。私はそのかたわらで、「すべてのことが、神の御旨の中で行われるように」と祈りました。

Mさんがお父様と和解することはなかったかもしれません。でもその意味は、お母様に任せて旅立って行かれたのでしょう。お母様にとって、Mさんの遺していかれたものはあまりにも重いものかもしれないとも思います。しかしその任されたものを受けとめ、これからを生きて行かれるお母様にも、神の守りはあるのではないか——少なくとも私は心からそのことを祈りたいと思ったものでした。

33 かたわらにいた私

書ききれない言葉

第四福音書は、ある無名の弟子の証しから生まれたとされています（ヨハネ21・24）。この弟子が特定の人物であったのか、それとも何らかの集団の象徴を帯びた架空の存在であったのかはわかりません。いずれにしても、イエスという人の人格に触れ、その生き死にに出会い、彼を父なる神との関わりの中で捉え、そのいのちに生かされた人の存在がここに描かれているのでしょう。真実に生きた人の言葉は、そのいのちを受け継ぐ人を生み出します。この愛弟子はイエスの言葉を語り伝え、多くの人を生かすことができる自らの生を感謝したことと思います。

その証しを受けとめた一人、ヨハネ福音書の記者はその福音書をこう閉じます。

イエスのなさったことは、このほかにも、まだたくさんある。わたしは思う。その一つ一つを書くならば、世界もその書かれた書物を収めきれないであろう（同25節）。

この本を閉じるに当たって、私も今までに取り上げきれなかった言葉たちのいくつかをここに残しておきたいと思います。それをここに記すことで、これらの方々のかたわらに私がいさせていただいたこと、その言葉が今も私を生かしていること、そしてそれを皆さんにご紹介できたことの感謝を感じていただけたら幸いに思うのです。

生きてるってこと

苦しみの叫びには、いつも胸がえぐられます。
「今、死刑を受けているの」（妻に辛く当たった日々を悔いながら、肺がんで呼吸に苦しむ男性）
「ごめんね。なんで私が生きてるのかしら。あちら（天国）に行かせてもらえない不足が何かあるのでしょうね。私が死んでいれば、あなたも嫁の務めができるのに」（娘が、同じくがんの義父を夫に任せて、自分の見舞いに来ているのを前にして）
「早く逝きたいよ。なんで俺だけ残った？　家族はみんないないし、仕事仲間も亡くなった。神様は不公平だ。俺が一番若いんだよ。うれしくないよ」（八〇歳の誕生日を迎えて）
「先生、青酸カリをください」（路上生活を続けてこられた末に、アルコール性肝炎と膀胱がんを患い、失明しておられた方）

「私にはトラウマがあります」（小学生の時に、隣家の女の子にいたずらしたことを今も悔いている七七歳の男性）

その一方で、苦しむことをそのまま生きていることと受けとめる方たちもありました。

「くしゃみも咳も出る。まぁ、生きてるってことだ」（お加減いかがですか、と問われて）

「不安があってもいいの。なんか、今の人はわかりすぎようとしてるんじゃないかな」（駆け落ちして故郷を捨て、誰も知らない場所で一から生きてきた人）

「このメダル？　私はいいものだったと思っている」（五回のがん。ひとに「五つもメダルもらっちゃって」と言われて）

「ほら、観てごらん。あの人たちだって、あの女の人だって、いろんな悩み事があるんだよ。牧師ってのは、その話を聴いて、元気にしてあげなきゃ。きれい事言ってるだけじゃだめなんだよ」（裏の世界を生きてきた女性たちをずいぶん慰めたという認知症の隠退牧師。テレビの中ではしゃぐ女性芸能人たちを指して）

私の名前を教えてあげて！

人生は苦しいことだらけだからこそ、人にはユーモアというものが与えられるのかもしれないとも思います。

「ほら、あの人。あれもなかなかのたぬきだぞ！　へへへ、私九五だから、いいかげん何を言ってても許されるだろう？」（廊下を通りかかったスタッフを指さして）

「ねぇ、お姉さん、この人に私の名前教えてあげて！」（自分の名前も忘れてしまった。スタッフに「ほらSさん、ご自分で牧師さんにお名前を教えてあげてください」と言われると）「名前……、えー、まぁ、じっくりやってみましょう」（やっぱり思い出せない）

「薬の影響かな、臭いがわからなくなったんだよ。でも、便利なこともあるよ。ガスが出てもわからない」（ストーマ〔人工肛門〕利用の患者さん。でも、娘さんには「臭い」と言われるそう……）

「いや、私みたいなの、バチの方が当たるのを嫌がって逃げていくよ」（いつもご主人のことを「バカタレ」とののしっては、子どもに「おっかあ、もうやめとくれよ」と諌められていたという女性。「あまりご主人のことを悪く言うとバチが当たりますよ」と言われて）

「忘れてるけど、忘れてない、ほんとうにそうなのよ。『大野さん？』。その名前の響きは……」（胸に手を当ててしきりに覚えがあるようにうなずいて）「これはね（頭を人差し指でトントンと叩いて）何とかって病気なのよ」（「歳を取られて、ですか？」と訊くと）「歳は取らない。取れたら無くなるからいいじゃない」（「あなたのことを私、知ってるかしら？」と話しかけてくださった方）

でも時にユーモアには、なんとも言えない哀しみが潜んでいることもあります。「『ご苦労』なんて『ご』をつけるようなたいそうなもんじゃないんだ。ただの苦労。でもそれをしてきた人のいいところだけでも若い人が聴いてくれたらな」（現役時代、三交替で働く。だから看護師の辛さもわかるけど、もう少し耳を傾けて欲しいと）

「（夫は）世界で一番悪い人。あんまり悔しいから、風呂入ってるときに、財布から三〇〇円取ってやった」（家の抵当権まで夫のパチンコに持って行かれた人）

「今までしぶとく生きてきたけど、もうお暇《いとま》しようと思います」（「明日は誕生日ですね」と言われて。今まで死にそうになったことは二回。少年時代には機銃照射に襲われたことも）

結局ほの字

病室では、聞いたこちらが幸せになるような愛の言葉も生まれます。

「家に来るのはいいけど、付き合うつもりはないと言われていたんです。でも通い詰めて一〇年。捕まえちゃった。いや、今でも捕まえようとしているんです」（元モデルの患者さん。写真家の夫を前にして）

「ボウリング場のジュークボックスで声を掛けてね。『あとの三曲は君が選びなよ』って。お下げがかわいかった」と夫。妻が答えて「それから五八年。この人の入れ墨にはびっくりしたけど、誰に対しても優しくて断れないこの人のこと、これもそうだったんだと思う。結局ほの字だったのね、私」（面会の許されなかった他院では、毎日洗濯物を持って行き、外から「パパ！」と電話を掛けた。少しでも近くにいたくて）

「やっぱりまた『元妻』から『妻』になりました」（看病のために夫と復籍。夫は浪費家だったけれど、最後は情を捨てられない、と）

「あら、わかってるじゃない」（夫婦でウクレレ。でも妻の方が上手なので、一緒にやると夫はすねる。病夫が自分のことを「わ・が・ま・ま」とつぶやくと）

任務完了

「任務完了！」（元自衛官。亡くなる数日前に「もう私は去ればいい」と）

私がこの本でお伝えしてきた言葉は、多くがすでにこの世に亡い方々のものです。しかし、その言葉やお一人おひとりの人柄が、皆さんに少しでも勇気を与えるものであったとしたら、これらの方々は、今も生きていることになるのではないでしょうか。私はそのことを神にあって証しできたような気持ちでいます。

人はパンだけで生きるものではない。

神の口から出る一つ一つの言葉で生きる（マタイ4・4）。

私のこの稿への務めも、これで「任務完了」かもしれません。でもこれからも私は、多くの生きている方々と、すでに召された方々のいのちの交わりによって生かされていくことでしょう。私たちは、そのすべての営みを神の言葉が祝福していると信じることができるからです。

補遺

弱さで結ばれる実り

「時間の無駄」と言われて

病院や高齢者施設での働きが長くなってきましたが、ある方に言われた言葉を今も思い出します。

それは、まだ私が入職したてであった頃。毎週担当している特別養護老人ホームの礼拝に赴いたときでした。いつものように礼拝前、出席される方を廊下でお迎えしていると、普段は決して礼拝にはお見えにならない男性が車椅子で通りかかられました。そこで「おはようございます」とお声かけすると、その方は「お前は誰だ」とおっしゃるのです。ですから「私は牧師です」とお答えすると、「牧師か、つまんねぇな。あんたなんか、なんにもできないだろう。時間の無駄だ。早く帰れ」と言われました。あまりに唐突なことで、私はむきになって「私は牧師です。これから礼拝をして、今日一日の祝福を祈って帰りますよ」と返答したことでした。

私はずいぶん悔しい思いだったのを覚えています。それと同時に、「役立たず」の烙印《らくいん》を押されたと感じ、恥ずかしくもなりました。看護師さんや介護士さんはちゃんと（少なくとも有資格者として）利用者の方たちに関われます。お世話ができます。それに対して、私はどうでしょう。たとえば「トイレに行きたい」と言われたってお連れできません。「牧師なんかに（しかも若造の）何ができるか」――それは実際、相当な問題であるわけです。

しばらくしてから、その方の来し方に触れました。大変に明晰な方であったらしく、大学で教鞭《きょうべん》を執り、よい論文をたくさん書き、多くの教え子に慕われていたそうです。その方が、歳を重ね、今は車椅子生活をなさっているのでした。私は、ふと思いました。「なにもできないんだろう」との言葉は、その方自身の中で何度つらく繰り返された言葉だったろうか、ということです。あるいは私は、「なにもできない」と宣告されたことで、ようやくその方と同じ地平に立てたのかもしれません。その後何度かお話をし、帰天の際には臨終の祈りをささげる機会にも恵まれたことでした。

聖マルチノのマント

私は今、「病院チャプレン」という立場にあります。「チャプレン」とは、病院や施設、学校、軍隊など、宗教施設以外の場所で働く宗教者を指す言葉です。一般にはあまりなじみのない言葉だと思いますが、その語源はとても古く、紀元四世紀のマルティヌス（ツールの聖マルチノ）の物語にさかのぼります。

マルティヌスはローマ帝国の軍人でした。ある冬、ガリア遠征に赴いたマルティヌスは、アミアン（現フランス北部）の町にやって来ます。そして城門の所で半裸のまま震えている物乞いの男を見たのでした。マルティヌスは帯びていたマントを二つに裂いてその男に与えました。するとその晩、彼はキリストが夢枕に立ち、「今日、お前がマントの半分を着せかけてくれた相手は、実は私だったのだ」と言う言葉を聞いたというのです。マルティヌスはキリスト者となり、司教となり、キリスト教をヨーロッパに広めていくための立役者となっていきます。

残されたマントの片割れは、その後、聖遺物としてフランス王家によって守られたそうです。王はそのマントを大事に礼拝堂に納め、戦争に行く際には従軍司祭に携行させました。軍人マルティヌスの守護を願ったのでしょう。ラテン語でマントは「カペー」と言います。王家の名は「カペー家」。礼拝堂は「カペッラ」と呼ばれ、従軍司祭は「カペラヌー」と呼ばれました。これが「チャペル」や「チャプレン」の語源です（異説もあります）。ちなみに、「カペー」という言葉はポルトガル語を経て日本語の「合羽」になっていますから、「チャプレン」と「合羽」は同語源ということになるでしょう。

限界を分かち合う

私がこのマルティヌスのマント物語に惹かれるのは、彼が物乞いに与えたマントが、その「半分」であったという点です。もし彼が差し出したのが、マントの全部であったらどうでしょう。その物乞いはもっと温められたはずです。この話はもっと美談として後世に語り継がれてきたかもしれません。しかし、それは「半分」でした。マルティヌスも、すべてを与えてしまうことはできなかったのです。彼自身もすべての温もりを放棄してしまうことはできなかったわけでした。でも、そのことによって、かえって「温もり」と「凍え」の両方を、この二人は分かち合ったのではないでしょうか。そして何より、それはその二つをキリストと分け合うことであったと伝えられているのです。チャプレンの仕事は、まさにここに立つような気がしています。ケアする者はいつも、温もりのすべてを差し出すわけにいかない痛みと限界を感じています。けれども、そのことが誰かと同じ地平に立つことの必然であるような気もするのです。

役に立たないぶどうの木

キリストはご自分のことを「まことのぶどうの木」（ヨハネ15・1）だと表現されました。そして、「わたしはぶどうの木、あなたがたはその枝である。人がわたしにつながっており、わたしもその人につながっていれば、その人は豊かに実を結ぶ。わたしを離れては、あなたがたは何もできないからである」(同15・5)と語られました。
私たちは、「ぶどうの木」というと、たわわな果実を思い浮かべて、豊潤さのシンボルであるように受けとめます。たしかに、申命記8章ではイスラエルを祝福する七つの産物の一つであるとされていますし、エレミヤ書31章5節には「再び、あなたは/サマリアの山々にぶどうの木を植える」とあって、荒廃した北イスラエルが復興することの象徴ともされています。けれども一方では、エゼキエル書15章にこんな記述も見られるのです。

人の子よ、ぶどうの木は森の木々の中で、枝のあるどの木よりもすぐれているであろうか。ぶどうの木から、何か役に立つものを作るための木材がとれるだろうか。それで、何かの器《うつわ》物《もの》を掛ける釘を作ることができるだろうか。それが火に投げ込まれると、火はその両端《りょうはし》を焼き、真ん中も焦がされてしまう。それでも何かの役に立つだろうか。完全なときでさえ何も作れないのに、まして火に焼かれて焦げてしまったら、もはや何の役にも立たないではないか(エゼキエル15・2-5)。

ぶどうの木は、決して大木ではありません。それは節くれ立っていて、蔓《つる》が絡み合うようにして生育していきます。ですから、木そのものを木材として生かすことはできません。杉やアカシヤとは違います。柱はおろか、釘にもならないのです。実を採り入れた後は、ただ灰になってしまうだけの「役に立たない」木です。

イエスは小さい頃から、父ヨセフとともに大工仕事をしていました。ですから、ぶどうの木が加工に適さないこと、木材として「役に立たない」ということをよく知っていたでしょう。そしてその上で、ご自分を「まことのぶどうの木」と表現されたのではないかと思います。すると、キリストが「わたしにつながっていなさい」とお命じになるとき、それは、この世での「役に立ち具合」――有能性や労働生産性、地位、名誉、学識、社会への貢献度など――を持ち寄るように言われていたのではないことになります。むしろ私たちには、「ぶどうの木キリスト」につながることによって、私たち一人ひとりの限界を大切にすることが求められていると言っていいでしょう。そして言葉も力も及ばないところの悔しさや情けなさをきちんと受けとめることができたとき、その体験が実はキリストの木、十字架の木にもつながっていることを思い出すことができるように導かれるのではないでしょうか。

「役に立たない」ことの苦しみは、きっと他の人の「役に立たない」もだえとつながっています。自らの弱さを離れては、私たちは他者に何もなしえないはずです。ぶどうの木へのつながりは、一人ひとりの弱さを神がよく手入れし、そこにおいて、豊かな実りを約束してくださるところの希望そのものだと思うのです。

「弱さ」を受け入れる

ですから、誰かの弱さに寄り添おうとするとき、本当は何よりも、まず自分の限界や弱さを見つめ、その弱さを通じて神が、その人と「私」とを同じ人間であるように整えてくださっていることの意味を見出すことが大事なのです。ところが私たちはともすると、自分の限界にぶち当たってはそこから逃げようとして、より弱い立場の人に鞭《むち》を入れてしまうことがあります。この世の「有能性」という基準に照らし合わせて、その人がより立派であることができるように導くことを援助だと思ってしまうときがあるのです。

ホスピスに入院された、ある七〇代の女性患者さんがいました。長野県にお住まいでしたが、がんを患われて独りでは生活できなくなり、娘さんを頼って神奈川県の当院に入院されたのです。入院当日、長時間の移動でかなりお疲れであったはずですが、私が挨拶に伺うとその方は立ち上がり深々とお辞儀をなさいました。その方はキリスト者でした。

キリスト者にもいろいろありますが、その方は「特別に」牧師という存在に敬意を払ってくださる方であったのかもしれません。お訪ねするたびにベッドから身を起こして私の話を聞こうとしてくださるのでした。

ところがとうとう、ある日起き上がれなくなりました。そして「ごめんなさい、先生、こんな姿で」とご自分を責められたのです。「先生、祈れません、委《ゆだ》ねられません」と言って苦痛の表情を浮かべられた日もありました。その方はもっともっと「立派な」キリスト者でありたいと願っておられたのでしょう。天への凱旋《がいせん》を喜ぶ自分でありたいとも思っておられたのでしょう。私はその方のかたわらで「もうそんなんじゃなくていい。私が祈っておりますから」と言って手を握り、ただただたたずんでいました。それしかできないまま、やがてその方も旅立たれました。

それはたまたま「牧師と信徒」という関係の中で交わされたやり取りであったかもしれません。けれども私たちには誰にも、「立派であり続けたい」という思いがありますし、そのことが自分を苦しめてしまうこともある気がするのです。テレビドラマでは家族の集まる中、「ありがとう」と言って旅立つ姿が感動をもたらします。また「ぴんぴんころり」を人生の理想的な終《しま》い方とする私たちの社会があります。でも実際には、老齢になったり、病院で死んだりというのは多くの場合そうではありません。「食べられなくなる、歩けなくなる、転ぶ、起きられなくなる、話せなくなる、朦朧《もうろう》とする」というような「一つ一つ失っていく」過程を伴う旅立ちであふれています。それなのに、医療や介護の現場でも、「その人らしさ」とか「QOL（生活の質）」という標語でその方の「元気だった頃の人柄」に注目する向きに傾いているのではないかという気がするのです。「立派であること」を支えるのが「ケア」になってしまっていないかと反省させられます。もっと弱さを弱さのまま受けとめることはできないのでしょうか。「ただたたずむ」体験を通して、そんなことを考えさせられた、その方との関わりでした。

世話になる

はじめにご紹介した方とのやり取りがあったのと同じ頃、やはり老人ホームで、別の出会いもありました。かなり認知症の進んだ方でしたが、ご自分で歩くことのできる方でした。その方と廊下でお会いしたときのことです。その女性はこうおっしゃいました。

「なんにもわからなくなった。なんにもわからなくなったから、私だけが世界なの」

「私だけが世界」とは、なんと重たい言葉でしょう。もう見るものも聞くものも、それが何であるかわからないから、「私」の外には「世界」の実感がないと言われるのです。「世界の中に自分がいる」という視点は失われて、「今感じていること」だけがこの世のすべてになってしまったというわけです。とても重たい表現だと思いました。

しかしその方は、言葉を続けられました。

「私だけが世界。私だけが世界だけど、私、きっと誰かの世話になっているのよね」

――「誰かはわからないけど、誰かが私の世話をしてくれているはずだ」と言われるのです。それはこの方が、今までのご生涯にあっても、「世話されて生きる」ことのつながりを大切にしてこられたであろうことを十分物語っていました。生きる上で本当に大事なことが何であるかを、この方は教えてくださったようにも思い、胸がいっぱいになりました。

弱さでつながる

「わたしにつながっていなさい。わたしもあなたがたにつながっている」（ヨハネ15・4）

それは、私たちが病や老いを、あるいは人生のさまざまな苦悩を体験するとき、その「誰か」世話してくれる人々と私たちとを「同じ人間」の地平で結び合わせるキリストの言葉です。また、人間であるがための弱さを神が手入れし、それを愛し、実りを約束してくださる恵みを指し示す言葉でもあります。だから私たちは、安心して「弱さ」を鍵にし、隣人とつながりたいと思うのです。そして「人は独りでは生きられない」という当たり前のことを、この社会で互いに分かち合っていきたいと願うのです。

あとがき

この本は、月刊誌『福音宣教』の二〇二〇年一月号から二〇二二年一二月号まで連載していたエッセイに、「補遺」として同誌の二〇一八年一〇月号「みことばをともに」のコーナーに書いた文章を合わせてまとめたものです。書籍化に当たっては、少し手を加えました。

二〇一八年の春、当時社会人コースで学ばせていただいていた上智大学の原敬子先生から、『福音宣教』誌に寄稿して欲しいと依頼を受けました。お世話になったので、一度くらいはお応えしなければとお受けしました。すると翌年には、編集部から「連載を」とのお話をいただいたのでした。「まあ一年だろうなぁ……」と思っていたコーナーが三年にもなったのは、拙い文章にお付き合いくださった読者の方があったからだろうと思います。

連載が進むにつれて、だんだんと「次はどなたのことを紹介しようか……」と思案することが多くなりました。この働きをしているので、この現場での出会いや関わりはたくさんあります。胸を揺さぶる珠玉のような言葉には囲まれていて、その一端を最終回（この本の「33　かたわらにいた私」）に書かせていただいたことでもありました。しかし、その一方で、私自身にとっては忘れられないような出会いであっても、皆さんの目に触れる形では「書けない」思い出が多いのです。「こんなことを書けば、きっとあの方は傷つくだろう」との思いが私の筆を止めていました。それはただ単に、個人情報や利害関係への配慮といったこと以上に、私の関わり方を重苦しく振り返らなければならなくすることでもあったからでした。

ひょっとしたら、連載やこの本をお読みくださった方は、私の働きに過大な意味を見出されるかもしれないと思ったりもします（それもずいぶんなうぬぼれかもしれませんが……）。この本に書かれていることは、比較的良好な関係を築けた方たちとの物語です。でも実際には、「31届かぬ思い」のDさんとのように信頼関係を結べなかったことや、そもそも言葉を交わすことすらできなかったこと、あるいは足がすくみ、病室を訪ねることから遠ざかってしまったことの方が、私の働きには多いのではないかと思うのです。本当は、そのような方たちのことも皆さんに知っていただかなければならないのですが、やはり「書けない」のでした。

そんな中で、私は毎月連載を重ねる中で、自らつけたタイトルにある「たたずむ」ことの意味を反芻していたと思います。非力そのものの私なのですが、そんな私をも受け入れてくださった人々がいたのでした。だから、そこに「たたずめた」のです。その方たちのことを思い起こし、文にしたためることは、そうやって他者に受けとめられながら生きることの幸いを確認する作業でもあったことでした。そして読者の皆様に、そのような出会いをしてきた私のことをも受けとめていただいていたのなら、こんなに大きな喜びはないと思うのです。きっと、文中に登場された方々も、その多くは故人となられましたが、皆さんの中に生きることとなったと思います。

チャプレンやスピリチュアルケア・ワーカーと呼ばれるような人のケアへの向き合い方、その方法論は様々であろうと思います。私以上に、それらの職種の介入による効果を客観的に求める方もあると思います。あるいは、もっとキリスト教の伝道者としての関わり方を大切にする方法もあると思います。しかし、それらの職種の働きを整理してお伝えすることは私の任ではありません。また私は現在、「臨床宗教師」と「臨床スピリチュアルケア師」という資格を持っていますが、これらについても、職場の任用資格としていないことに触れておきたいと思います。このため、この本でご紹介した方たちへの私の関わり方が、他の有資格者の方のアプローチと異なることもあると思います。あくまで、「かたわらに、今、たたずむ」こと、あるいは「牧師」として祈ることを大切にする私の、キリスト教病院における働き方の一例であると考えていただければと思います。さらにこの本は、実際の関わりに基づいて書かれてはいますが、事例報告やルポルタージュではありませんので、私の言葉で再構成されていることもご了解いただきたいと思います。

『福音宣教』誌への連載、そして今般の書籍化にあたっては、オリエンス宗教研究所の皆様に大変お世話になりました。特に、毎回丁寧な文章校正をしてくださった編集部の鈴木敦詞様には心より御礼申し上げます。

私たちは、誰もが弱さを抱えつつ、限りある人生を送っています。そして今日のところは、神の愛によって生かされている一人ひとりなのでした。皆様の残された地上の生が、恵みに充ちたものでありますように。今まさに、病を抱え、大きな困難に向き合っておられるすべての方々に、神の平安といやし、慰めがありますように。

私と出会ってくださった方々、また共に働いている衣笠病院グループの人々に感謝しつつ。

二〇二三年七月

大野　高志

著者紹介

大野　高志（おおの・たかし）

1975年静岡市生まれ．慶應義塾大学文学部卒業．同志社大学大学院神学研究科修了．日本基督教団天満教会担任教師（大阪），ケルン・ボン日本語キリスト教会牧師（ドイツ）を経て，2007年から社会福祉法人日本医療伝道会（衣笠病院グループ）職員．現在同法人チャプレン室長．日本基督教団鎌倉恩寵教会協力牧師．関東学院大学非常勤講師（臨床パストラルケア）．
上智大学グリーフケア研究所認定臨床傾聴士．日本臨床宗教師会認定臨床宗教師．日本スピリチュアルケア学会認定臨床スピリチュアルケア師．

本書は月刊『福音宣教』（オリエンス宗教研究所）に連載された「かたわらに、今、たたずんで」（2020年1月号 - 2022年12月号）をもとにまとめられたものです。

かたわらに、今《いま》、たたずんで
――チャプレンが出会った人々の言葉――

●

2023年10月20日　初 版 発 行

著　者　大野 高志
発行者　オリエンス宗教研究所
代　表　C・コンニ
〒156-0043　東京都世田谷区松原2-28-5
☎ 03-3322-7601　Fax 03-3325-5322
https://www.oriens.or.jp/
印刷者　有限会社 東光印刷

ISBN978-4-87232-121-0　Printed in Japan

東京大司教出版認可済